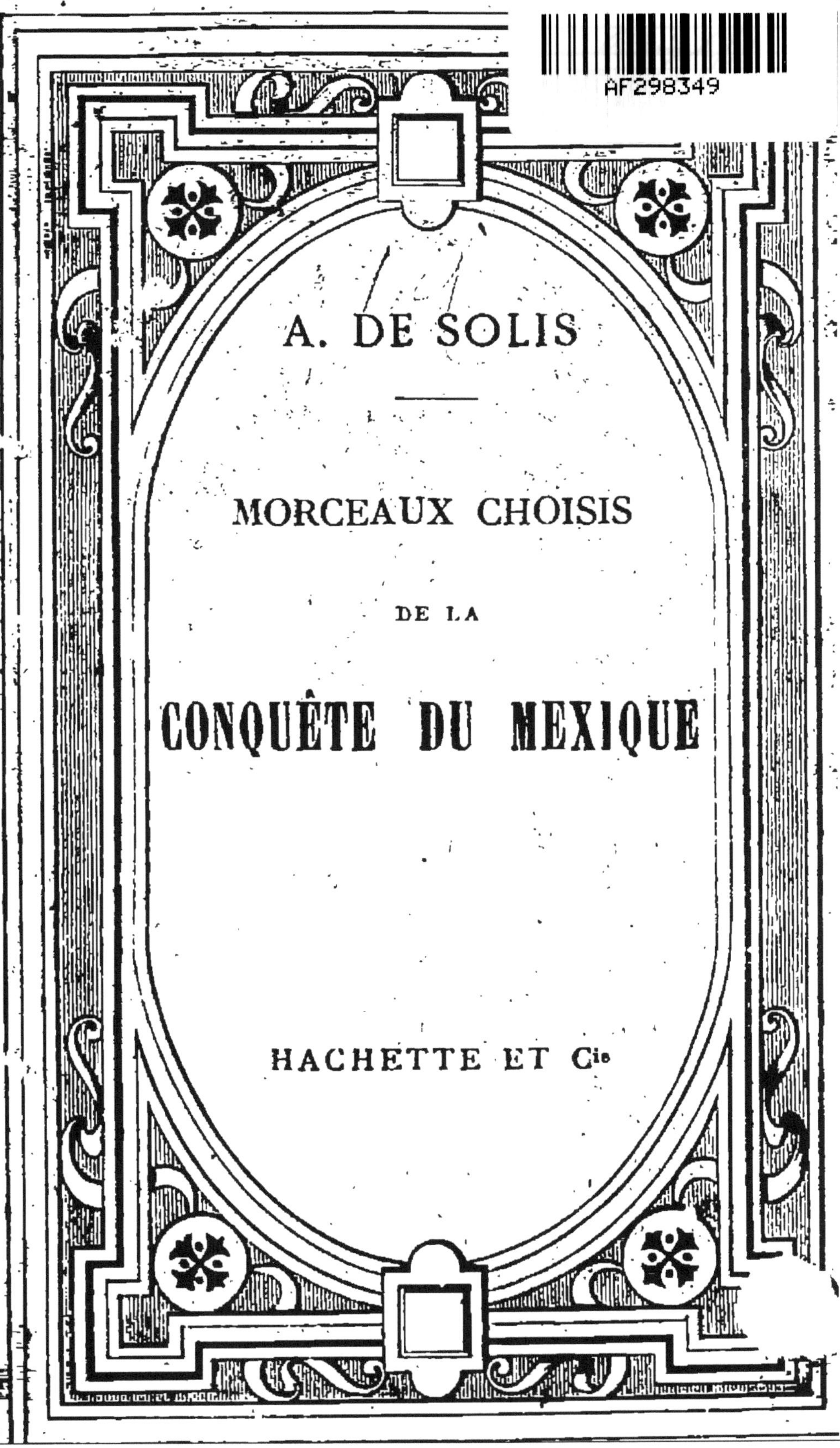

A. DE SOLIS

MORCEAUX CHOISIS

DE LA

CONQUÊTE DU MEXIQUE

HACHETTE ET Cⁱᵉ

MORCEAUX CHOISIS

DE LA

CONQUÊTE DU MEXIQUE

PARIS. — TYPOGRAPHIE LAHURE

Rue de Fleurus, 9

DON ANTONIO DE SOLIS

MORCEAUX CHOISIS

DE LA

CONQUÊTE DU MEXIQUE

PUBLIÉS

AVEC NOTICE ET ARGUMENT ANALYTIQUE

PAR J. G. MAGNABAL

Agrégé des lettres

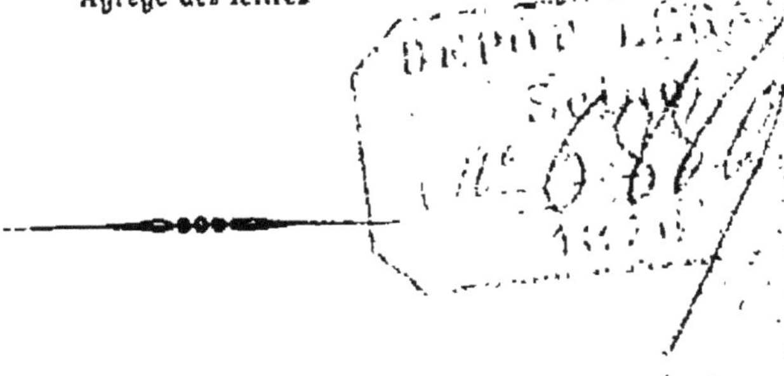

PARIS

LIBRAIRIE HACHETTE ET Cⁱᵉ

79, BOULEVARD SAINT-GERMAIN, 79

1876

NOTICE

SUR

DON ANTONIO DE SOLIS

ET SUR LA

CONQUÊTE DU MEXIQUE

Don Antonio de SOLIS Y RIVADENEIRA naquit, suivant la biographie de Michaud[1], à Placentia, dans la Vieille-Castille, le 18 juillet 1610; à Alcala de Hénarès, le même jour, d'après D. Cayetano Alberto de la Barrera y Leirada[2], dans l'édifice même de la célèbre Université de cette ville. Il fut baptisé dans l'église cathédrale, le 28 octobre de cette même année 1610. Il eut pour père le licencié Juan Geronimo de Solis Ordoñez, et pour mère, Doña Ana Maria de Ribadeneira: natifs, le premier, d'Albalate de las Nogueras, ville de l'évêché de Cuença, et la seconde, originaire de Tolède. Dès ses premières années, le jeune Antonio de Solis montra un goût très-vif pour l'étude : il fit de rapides progrès dans la grammaire, la rhétorique, la philosophie qu'il apprit à l'Université d'Alcala. Après y avoir terminé le cours de dialectique, il passa à l'Université de Salamanque pour étudier le droit civil et le droit canonique, et développer, sur un plus grand théâtre, les admirables talents dont la nature l'a-

---

1. Article Solis, D. Antonio de.
2. Catalógo del teatro antiguo español.

vait doué. Là, comme à Alcala de Hénarès, il surpassa tous ses condisciples, et fit l'admiration et les délices de ses maîtres. A dix-sept ans, il composa la comédie intitulée : *Amor y Obligacion*, qui n'est pas arrivée jusqu'à nous, dont le succès l'engagea dans la carrière du théâtre et le fit se lier d'une étroite amitié avec Caldéron. Nous trouvons des traces de cette amitié dans les prologues qu'il écrivit pour quelques-unes des grandes pièces de ce poëte, dont il eut le mérite de reconnaître lui-même la supériorité.

A vingt-sept ans, Don Antonio se consacra à l'étude de la philosophie morale et de la politique, sciences qui lui apprirent l'une les sages maximes qu'il sut mettre en pratique dans le cours d'une vie toujours honnête ; l'autre, ces pensées si précieuses qu'il sème, à chaque pas, dans ses écrits et qui découvrent toutes tant le profond philosophe que le politique chrétien.

La réputation qui s'était répandue autour de Solis par ses études brillantes lui valut le patronage du comte d'Oropesa, Don Duarte de Toledo y Portugal, qui, connaissant à fond les solides qualités de Don Antonio, le prit pour son secrétaire dans ses deux vice-royautés de Navarre et de Valence. La délicatesse, l'urbanité et la discrétion qui brillent dans les lettres qui ont été conservées du jeune secrétaire du comte d'Oropesa, montrent combien le choix de ce dernier fut heureux, comment Solis sut remplir avantageusement ses fonctions, et aider même parfois son Mécène de ses conseils et de ses sages idées.

Don Antonio ne s'en tint pas là de sa reconnaissance. Pour célébrer la naissance d'un des fils du comte, Don Manuel Joaquin Alvarez de Toledo y Portugal, il composa, en 1642, à Pampelune, la comédie d'*Euridice y Orfeo*, dont la représentation fut vivement applaudie.

Philippe IV, instruit du mérite littéraire de Solis, l'appela au secrétariat d'État et le nomma même son secrétaire, honneur que notre poëte fit passer sur la tête d'un de ses parents, sans déplaire au roi. Bientôt après, Don Antonio fit représenter à Madrid, pour la naissance de l'Infant Philippe-Prosper : *Los Triunfos de Amor y Fortuna*, dont le succès fut très-brillant. En 1661, la reine mère, régente, lui redonna les fonctions que Philippe IV lui avait confiées, et y ajouta la charge, très-lucrative et par conséquent très-recherchée, d'historiographe des Indes, laissée vacante par la mort d'Antonio de Leon Pinelo, l'auteur de la *Biblioteca oriental* et de nombreux écrits pleins d'une rare érudition.

Don Antonio de Solis, sans illusions sur les vanités du monde, embrassa l'état ecclésiastique, à l'âge de cinquante-sept ans, et célébra sa première messe dans la maison du noviciat de Madrid. Dès ce moment il s'adonna à un genre de vie des plus parfaits : il entra dans la congrégation de Notre-Dame du Destierro, vénérée dans le couvent de Sainte-Anne de Madrid, de l'ordre de Saint-Bernard.

Il partagea tellement le reste de sa vie entre les devoirs de sa charge et les exercices de piété qu'il renonça à toute culture de poésie, même sur des sujets honnêtes. Tous les efforts que l'on fit près de lui pour qu'il prît à sa charge la composition des *Autos sacramentales*, au moment de la mort de Don Pedro Caldéron de la Barca, en 1681, furent complétement inutiles. C'est à ce même scrupule de Solis qu'il faut attribuer l'état incomplet où il a laissé le premier acte de la comédie *Amor es arte de amar*, qui promettait cependant une belle pièce. Don Antonio finit la glorieuse carrière de sa vie le vendredi 13 avril 1686, à l'âge de soixante-seize ans, huit mois et un jour. Il fut enterré dans la chapelle de la congrégation du Destierro, où l'on peut lire sur sa tombe l'inscription : *Aqui yace Don Antonio de Solis, cronista mayor de las Indias, secretario del escelentisimo señor conde de Oropesa, y de la majestad de Felipe IV, y su oficial segundo de su secretaria de estado Falleció a 19 dias del mes de abril del año de 1686 de edad de 76 años.*

Nous avons de Solis une petite collection de *Lettres* publiées pour la première fois, en un volume, par Mayans y Siscar et imprimées en France, à Lyon. On les retrouve à la fin de la *Censura de historias fabulosas* du même Antonio de Solis. Madrid, 1742. Elles ont été aussi réimprimées dans les *Cartas morales*, en 1773. Ce n'est pas une collection complète des *Lettres* de notre auteur. Il en existe beaucoup d'autres éparses un peu partout. Telle qu'elle est, elle constitue toutefois le meilleur spécimen du genre épistolaire de cette époque. Ces lettres sont, dit Ticknor, telles qu'il convient à l'existence d'un vieillard abandonné, pendant les dernières années d'une longue vie, à la lutte contre la pauvreté et l'infortune : elles expriment des sentiments conformes à sa situation, et respirent à la fois la tranquillité philosophique et la résignation chrétienne.

Après sa mort, parut à Madrid, en 1692, dans le format petit in-4°, une édition des poésies de Solis sous ce titre : *Varias poesias sagradas y profanas, que dexó escritas aunque no juntas ni retocadas, y fueron recogidas y dadas a luz por* Don Juan de Goyeneche. Ce volume se réimprima, à Madrid, en 1716 et en 1732. Comme le titre l'indique, l'auteur ne paraît pas y avoir mis la dernière main, sans doute parce qu'il ne les avait pas destinées à la presse. Aussi sont-elles diversement jugées. Les uns les trouvent remarquables par leur facilité, par leur savoir, par la finesse des pensées qui s'y expriment ; d'autres leur accordent peu de valeur, à l'exception d'un petit nombre de divertissements dramatiques se distinguant par le caractère et le charme qu'ils offrent, au milieu de ces compositions écrites dans toutes les formes alors à la mode.

Ses comédies se sont publiées pour la première fois à Madrid, en 1681, dans le XLVIIe volume des *Comedias escogidas*. Elles sont au nombre de neuf : *Triunfos de Amor y Fortuna*, avec *loa* et *entremes; Euridice y Orfeo; El Amor al uso; El Alcazar del secreto; Las Amazonas;*

El Doctor Carlino; Un bobo haze ciento, avec *loa; la Gitanilla de Madrid; Amparar al enemigo.*

Triunfos de Amor y Fortuna a été imitée par Quinault dans *les Coups de l'amour et de la fortune.* C'est de l'*Amor al uso* que Thomas Corneille avait tiré son *Amour à la mode.* Linguet, dans le tome IV du *Théâtre espagnol,* traduit *Un bobo haze ciento,* sous le titre du *Fou incommode.* Dans le Théâtre des Variétés étrangères, nous trouvons une imitation d'Antonio de Solis, par Dumaniant, dans une comédie en trois actes et en prose, *l'Hôtelier de Milan.* Quant à la *Gitanilla* que Solis tirait d'une nouvelle de Cervantès, elle reparaît dans la *Spanish Gysey* de Rowley et Middleton, dans la *Preciosa,* charmant drame allemand de A. Wolff, dans *Notre-Dame de Paris,* de Victor Hugo, dans le *Spanish student* de Longfellow.

Mayans assure que, si les comédies d'Antonio de Solis avaient été travaillées selon les préceptes rigoureux de l'art comique, elles auraient obtenu l'entière approbation des jugements les plus sévères, parce qu'il y brille une invention ingénieuse, un style pur, une grâce sans affectation et une habileté singulière dans les jeux de mots où se mêlent la pointe et l'équivoque. Ticknor affirme que les drames que produisit Solis se distinguent presque tous uniformément par l'habile composition de leurs intrigues, qui ne sont pas toutes originales, par une pureté de style et une harmonie de versification qui lui sont propres.

Ces productions dramatiques flattant les sentiments patriotiques des Espagnols et conçues dans un but opposé à l'invasion de l'influence littéraire étrangère, dit un des biographes de Solis, eurent un grand succès lors de leur apparition. Quelques-unes de ces comédies se soumettent à la règle de limiter l'action dans une période de vingt-quatre heures, ce qui est rare à cette époque. Bien des critiques ont rangé Solis parmi les chefs du théâtre castillan; l'élégance du style, l'éclat du dialogue se montrent chez lui à un degré éminent. Si la vigueur de l'imagination lui fait parfois défaut, il sait habilement arranger un plan : il trace avec vivacité les mœurs et les caractères.

Mais le premier titre de Solis à l'estime de la postérité, c'est son *Historia de la Conquista de Mexico, poblacion y progresos de la America setentrional, conocida por el nombre de Nueva España*, dont le manuscrit original se conserve à la Bibliothèque nationale de Madrid (J. 93). La première édition de cette histoire parut à Madrid, en 1684, in-folio. Elle a été souvent réimprimée dans divers formats. Les meilleures éditions sont celles de Madrid, Don Ant. de Sancha, 1783-84, 2 vol. grand in-4° ; — *ib.*, 1798, 5 vol. in-12, fig.; *ib.*, 1828, 4 vol. in-8°, avec notes. L'édition de Barcelone, 1840, 2 vol. in-8° avec notes, par Wenceslo de Linares y Pacheco et celle de Paris, veuve Baudry, avec les notes de J. de la Revilla, 1858, in-8°, méritent de ne pas être passées sous silence.

A côté de ces excellentes éditions nous pouvons citer les réimpressions que nous donne Quérard, publiées à *Leone, Carmen y Blanc*, en 1822, 1824, 1827, 5 vol. in-18 ; à Paris, Bossange père, 1826, 3 vol. in-32, par Ch. Hingray; 1838, 1 vol. in-8°, par Baudry, 1858, également 1 vol. in-8°. Les éditions de Didot, 1826, 3 vol. in-32 ; de Londres, 1809, 3 vol. in-8°.

Il va sans dire qu'une histoire si souvent réimprimée a été aussi traduite dans toutes les langues. En 1699, un Italien, membre de l'Académie de la Crusca, en publie une traduction, à Florence. Thom. Towsend, à Londres, en donne une en anglais, in-fol., 1724, et in-8°, 2 vol. en 1753. Toutefois la traduction la plus ancienne c'est la traduction en français. Elle est due à la plume d'un anonyme, auteur du Triumvirat : Bon André, comte de Broé, seigneur de Citri et de La Guette, Paris, 1691, in-4°. Il s'en fit une réimpression à la Haye dans la même année, 2 vol. in-12. Nous en trouvons une nouvelle édition à Paris, chez Osmont, 1704. — Une cinquième édition, par la Compagnie des libraires, Paris, 1730; une sixième, Paris, 1759, 2 vol., et une autre également, 2 vol. in-12, Paris, 1774.

En 1835, Gaume édite un abrégé de l'histoire du Mexique de l'historien espagnol, Antonio de Solis fils, par Oct. B. M. Boistel d'Exauvillez fils, 2 vol. in-18, et, en 1856, il se publie, à Tournai, chez Casterman, une troisième édition in-12 , d'une histoire de la conquête du Mexique, d'après l'historien espagnol *Antonio del Solis* (sic).

Quel est donc le sujet traité par Antonio de Solis, quelle est son importance, quel est le héros du livre, comment l'écrivain a-t-il procédé dans la composition d'un récit qui offre un intérêt si vif pour les lecteurs; quel est son style, quelle est sa langue, quels témoignages a-t-on portés sur son œuvre ? c'est là une série de questions auxquelles les lignes qui suivent nous permettront de répondre.

La conquête de la *Nouvelle Espagne* est une des entreprises les plus hardies et les plus glorieuses qui se soient accomplies. C'est à Fernand Cortez, général de cette expédition, que revient tout l'honneur. Son grand courage, sa science consommée dans l'art militaire, et sa prudence incomparable égalèrent l'importance de cette action si mémorable. Comme on le verra par la lecture de ces extraits, comme on demeurera plus convaincu, si on passe plus tard des extraits au récit complet du livre, le héros de Don Antonio de Solis mérite bien par lui-même les éloges que l'historien lui-même donne dans son enthousiasme. Il ne faut pas croire, en effet, que chefs et soldats espagnols eurent seulement à combattre des Indiens lâches, simples, ignorants, sans esprit, sans capacité, sans aucun genre de vie ordonnée. Les mémoires de ces temps nous apprennent que les guerres que se faisaient les diverses tribus les rendaient singulièrement habiles dans l'art de combattre, et leurs luttes contre les Espagnols ne contribuèrent pas peu à développer chez eux la valeur guerrière, et à leur enseigner la tactique européenne. Du reste, ni en forces, ni en bonne proportion et fermeté du corps, ni en grandeur d'âme, ces Indiens n'étaient inférieurs [aux autres, et leur cœur puisait un grand courage dans la défense de leur religion, de leur patrie et de leur liberté.

Cortés écrivait ses commentaires, et, dans les lettres qu'il adressait à l'empereur, il nous retrace avec candeur et simplicité, avec une profonde vérité historique les exploits de ses valeureux compagnons d'armes. Après lui Bernal Diaz del Castillo nous a donné un récit complet et circonstancié de cette aventureuse expédition dont il avait fait partie. Francisco Lopez de Gomara, instruit par les conquérants eux-mêmes, et par les premiers missionnaires qui allèrent prêcher l'Évangile à Mexico, put, comme d'autres qui avaient puisé aux sources originales, être très-ponctuel dans sa narration. Mais toutes ces histoires étaient écrites d'un style sans grâce, avec peu de méthode; il s'y mêlait des faits sans aucun rapport et sans exactitude. Il fallait une plume plus délicate pour donner à un sujet si grand tous les ornements qu'il comportait.

Don Antonio de Solis, chroniqueur des Indes, était, sans aucun doute, celui qui réunissait, à un degré éminent, toutes les qualités désirables pour exécuter ce projet. Il avait un style élégant et fleuri qui n'était pas alors trop commun en Espagne; une vaste instruction, acquise par la lecture des meilleurs historiens des Indes et d'autres collections; enfin une rare habileté pour savoir imiter les meilleurs modèles de l'antiquité dans le genre historique. Ces puissants auxiliaires lui permirent de remplir dignement la tâche qu'il s'était imposée en publiant, en 1684, à Madrid, son *Historia de la Conquista, poblacion y progresos de la America setentrional, conocida por el nombre de Nueva España.*

Les grands éloges qu'ont faits de cet ouvrage des hommes aussi savants que le marquis de Mondejar, Don

Nicolas Antonio, Don Gregorio Mayans y Siscar attestent son immense mérite. Voici le témoignage de ce dernier. « Solis écrivit, dit-il, avec un tel art la vie du grand Cortés, que sans laisser de composer une histoire, il sut faire un panégyrique. Son style est si doux qu'il rend insatiables beaucoup d'esprits modérés : il est fréquemment poétique et toujours brillant ; il imite Quinte-Curce sans le vouloir, spécialement dans les discours, en présentant les barbares moins barbares. Toute la contexture de cette œuvre est une toile des plus fines d'or pur, richement ornée de pensées chrétiennes et politiques qui brillent comme des diamants des plus éclatants[1]. »

C'est, dit Sismondi, le dernier des bons ouvrages de l'Espagne. On ne trouve pas, dans cette histoire, la moindre trace de l'imagination dont l'auteur avait donné tant de preuves comme poëte. Il est impossible de séparer les deux talents qu'il réunissait avec un esprit plus ferme et un goût plus solide. L'intérêt romanesque et le merveilleux se présentent d'eux-mêmes dans la conquête du Mexique. Le tableau des lieux, celui des mœurs, les recherches philosophiques et politiques, tout est commandé par le sujet, et l'auteur n'est pas resté au-dessous d'un si beau cadre[2].

A côté de ce témoignage nous devons citer les pages que Ticknor consacre à l'unique historien remarquable, au dernier des bons écrivains de la vieille école historique espagnole. « Don Antonio de Solis était, dit-il[3], le chroniqueur officiel des Indes ; et il se crut obligé de

1. Escrivio la vida del gran Cortés con tal artificio, que sin dejar de componer historia, supo hacer un panegirico. Es tan dulce su estilo, que tiene hidropicos a muchos discretos : frecuentemente es poético, y siempre brillante. Remedó á Quinto Curcio sin procurarlo, especialmente en las oraciones, haciendo á los barbaros menos barbaros. Toda la contestura de esta obra es una tela finisima de oro puro, ricamente adornada de cristianas y politicas sentencias, que lucen como diamantes finisimos.

2. Sismondi, *Littérat. du Midi*, tome IV, p. 103.

3. *Histoire de la Littérature espagnole*, tome III, chap. XXXVIII.

faire quelque chose pour remplir les devoirs d'une charge à laquelle des émoluments étaient peut-être nominativement attachés. Il choisit donc pour son sujet la *Conquista de Mejico;* il commence par décrire la situation de l'Espagne au moment où elle entreprend cette conquête; la nomination de Cortés pour commander les forces d'invasion; et il conduit sa narration jusqu'à la prise de Mexico et la capture de l'empereur Guatimozin. La période qu'il embrasse n'est pas longue, moins de trois ans; mais ces années sont remplies de si brillantes aventures et de crimes si atroces, qu'on rencontre difficilement dans l'histoire du monde une époque offrant un égal intérêt. Le sujet, par suite de cette circonstance, est aussi un des plus habilement ménagés : Antonio de Solis, qui le considérait avec des yeux d'artiste autant qu'avec le regard de l'historien, a obtenu le plus grand succès en donnant à son œuvre, mais à un degré extraordinaire, la couleur d'une époque historique, tant est grande l'habileté avec laquelle toutes ses parties et tous les épisodes viennent se fondre dans un ensemble harmonieux dont la catastrophe et le dénoûment sont la ruine du grand Empire mexicain. »

Le style d'Antonio de Solis lui est tout particulier. Sans aucun doute, il avait sous les yeux les historiens romains et principalement Tite-Live; c'est ce qui résulte du ton général du livre et de la structure de ses pensées et de ses phrases. Il y a cependant peu de prosateurs espagnols dont la langue soit plus absolument castillane. Sa phraséologie manque de simplicité, mais elle se relève par sa richesse et sa beauté; elle est appropriée au sujet romanesque que l'auteur avait choisi pour son histoire, et profondément empreinte de son esprit poétique. Pour la hardiesse il est bien inférieur à Mendoza; pour la dignité il n'égale pas Mariana; mais son abondance et son éloquence soutenue le placent à côté de ces deux écrivains. Son livre est aussi intéressant qu'aucun des leurs : je n'en veux pour preuve que la popularité constante dont il a joui, depuis son apparition jusqu'à nos jours [1].

La *Conquête du Mexique* fut composée dans la vieillesse de son auteur; aussi est-elle assombrie par les sentiments qui le détachèrent des soucis et des intérêts du monde. Il refuse de voir l'atroce et merveilleuse lutte qu'il raconte d'une autre place que des marches de l'autel où il a reçu les ordres sacrés. Les Espagnols ne sont par conséquent, à ses yeux, que des chrétiens; les Mexicains, que des païens. La bataille qu'il voit et qu'il décrit se livre entièrement entre les puissances de la lumière et les légions des ténèbres. Les Indiens infortunés que les Espagnols n'avaient pas plus le droit d'attaquer et d'envahir, sous prétexte de détruire leurs rites abominables dont ils n'avaient jamais entendu parler qu'après leur débarquement, que n'en avaient Henri VIII ou Élisabeth pour envahir l'Espagne, sous prétexte de détruire les horreurs de l'Inquisition espagnole, les infortunés Indiens ne reçoivent de la part de l'historien aucun témoignage de sympathie pour les souffrances extrêmes qu'ils eurent à supporter, tant que dura leur lutte, inutile, mais héroïque, pour tout ce qui pouvait leur rendre l'existence agréable à leurs yeux.

Le livre d'Antonio de Solis, écrit avec une grande perfection et dans des termes flatteurs pour l'amour-propre national, reçut immédiatement un accueil agréable. Mais le mot succès désigne une expression dont la signification était alors bien différente de celle qu'il porte aujourd'hui, ou de celle qu'il avait, en Espagne, au temps de Lope de Vega. La publication qu'on place en 1684 se fit par les soins et le secours d'un ami qui se chargea de tous les frais; elle trouva son auteur pauvre, et pauvre elle le laissa. Don Antonio ne se réjouit pas moins du succès

---

1. Voir ci-dessus les éditions, réimpressions et traductions qui en ont été faites (page VI).

qui accueillait son livre, quoique à la fin de l'année il ne s'en fût vendu que deux cents exemplaires.

La postérité, nous l'avons vu, s'est chargée de multiplier la vente des exemplaires d'une composition si attrayante. Quant à nous, la pensée qui nous a conduit dans le choix des morceaux a été celle d'extraire de cent sept chapitres que comprennent les cinq livres dont se compose l'*Histoire du Mexique*, tout ce qui pouvait servir à faire connaître le héros de cette narration, Fernand Cortés; sa prudence dans les conseils, sa valeur dans les combats; sa fermeté d'âme; les ressources de son esprit dans des contrées si lointaines, au milieu de peuplades si ennemies. Sans aucun doute il ne fallait pas négliger le terrain sur lequel se transportaient une poignée d'Espagnols; aussi avons-nous donné la description des villes avec les mœurs des habitants, leurs us et coutumes, afin de montrer en abrégé au lecteur tout ce qu'il y avait de nouveau, d'intéressant chez les tribus indiennes que la conquête espagnole allait faire connaître à l'ancien monde. Sans oublier les combats et les batailles, il nous a semblé cependant que tous les détails se rapportant à l'état social des populations mexicaines, offraient plus d'intérêt que les descriptions réitérées de rencontres plus ou moins meurtrières, plus ou moins heureuses. Si, sous ce rapport, nous avons reproduit avec complaisance un plus grand nombre de morceaux, nous espérons qu'on nous jugera avec indulgence et sans trop de sévérité.

J.-G. MAGNABAL.

HISTORIA

DE LA

CONQUISTA DE MÉJICO

Antonio de Solis explique les motifs qui lui ont fait entreprendre d'écrire l'*Histoire de la Conquête du Mexique*; son travail pour la recherche des matériaux nécessaires à sa composition, et la difficulté de rédaction que présentait ce récit.

Duró algunos dias en nuestra inclinacion el intento de continuar la Historia general de las Indias occidentales, que dejó el cronista Antonio de Herrera en el año mil quinientos cincuenta y cuatro de la reparacion humana: y perseverando en este animoso dictámen lo que tardó en descubrirse la dificultad, hemos leido con diligente observacion lo que ántes y despues de sus Décadas escribieron de aquellos descubrimientos y conquistas diferentes plumas naturales y estrangeras. Pero como las regiones de aquel nuevo mundo son tan distantes de nuestro hemisferio, hallamos en los autores estrangeros grande osadía, y no menor malignidad para inventar lo que quisieron contra nuestra nacion, gastando libros enteros en culpar lo que erraron algunos, para deslucir lo que acertaron todos; y en los naturales poca uniformidad y concordia en la narracion de los sucesos: conociéndose en esta diversidad de noticias aquel peligro ordinario de la verdad, que suele desfigurarse cuando viene de léjos, degenerando de su ingenuidad todo aquello que se aparta de su orígen.

La obligacion de redargüir á los primeros, y el deseo de conciliar á los segundos, nos ha detenido en buscar papeles, y esperar relaciones que den fundamento y razon á nuestros escritos: trabajo deslucido, pues sin dejarse ver del mundo, consume oscuramente el tiempo y el cuidado; pero trabajo necesario, pues ha de salir de esta confusion y mezcla de noticias pura y sencilla la verdad, que es el alma de la historia: siendo este cuidado en los escritores semejante al de los arquitectos, que amontonan primero que fabriquen, y forman despues la ejecucion de sus ideas del embrion de los materiales, sacando poco á poco de entre el polvo y la confusion de la oficina la hermosura y la proporcion del edificio.

Pero llegando á lo estrecho de la pluma con mejores noticias, hallamos en la historia general tanta multitud de cabos pendientes, que nos pareció poco ménos que imposible (culpa será de nuestra comprension) el atarlos, sin confundirlos. Consta la historia de las Indias de tres acciones grandes, que pueden competir con las mayores que han visto los siglos: porque los hechos de Cristobal Colon en su admirable navegacion, y en las primeras empresas de aquel nuevo mundo; lo que obró Hernan Cortés con el consejo y con las armas en la conquista de Nueva España, cuyas vastas regiones duran todavía en la incertidumbre de sus términos; y lo que se debió á Francisco Pizarro, y trabajaron los que le succedieron en sojuzgar aquel dilatadísimo imperio de la América meridional, teatro de varias tragedias y estraordinarias novedades, son tres argumentos de historias grandes compuestas de aquellas ilustres hazañas, y admirables accidentes de ambas fortunas, que dan materia digna á los anales, agradable alimento á la memoria, y útiles ejemplos al entendimiento y al valor de los hombres. Pero en la historia general de las Indias, como se hallan mezclados entre sí los tres argumentos, y cualquiera de ellos con infinidad de empresas menores, no es fácil reducirlos al contesto de una sola narracion, ni guardar la serie de los tiempos, sin interrumpir y despedazar muchas veces lo principal con lo accesorio.

La narration de la conquête générale des Indes, composées de deux vastes monarchies subdivisées en une infinité de provinces dont les noms sont si variés et si inconnus, a été difficile pour tous les écrivains qui s'en sont occupés. Antonio de Solis les passe en revue, il qualifie leurs ouvrages pour arriver au plan et au caractère du sien.

Por cuyos motivos nos hallamos obligados á entrar en este argumento, procurando desagraviarle de los embarazos que se encuentran en su contesto, y de las ofensas que ha padecido su verdad. Valdrémonos de los mismos autores que dejamos referidos en todo aquello que no hubiere fundamento para desviarnos de lo que escribieron : y nos serviremos de otras relaciones y papeles particulares, que hemos juntado, para ir formando, con eleccion desapasionada, de lo mas fidedigno nuestra narracion, sin referir de propósito lo que se debe suponer, ó se halla repetido ; ni gastar el tiempo en las circunstancias menudas, que ó manchan el papel con lo indecente, ó le llenan de lo ménos digno, atendiendo mas al volúmen que á la grandeza de la historia. Pero ántes de llegar á lo inmediato de nuestro empeño, será bien que digamos en qué postura se hallaban las cosas de España, cuando se dió principio á la conquista de aquel nuevo mundo, para que se vea su principio primero que su aumento, y sirva esta noticia de fundamento al edificio que emprendemos.

Situation de l'Espagne au moment où s'entreprend la conquête de la Nouvelle-Espagne.

Corria el año de mil y quinientos y diez y siete, digno de particular memoria en esta monarquía, no ménos por sus turbaciones, que por sus felicidades. Hallábase á la sazon España combatida por todas partes de tumultos, discordias y parcialidades, congojada su quietud con los males internos que amenazaban ruina, y durando en su fidelidad mas como reprimida de su propia obligacion, que como enfrenada y obediente á las riendas del gobierno; y al mismo tiempo se andaba disponiendo en las Indias occidentales su mayor prosperidad con el descubrimiento de otra Nueva España, en que no solo se dilatasen sus términos, sino se renovase y duplicase su nombre. Así juegan con el mundo la fortuna y el tiempo: y así se suceden, ó se mezclan con perpetua alternacion los bienes y los males.

Après avoir jeté un coup d'œil rapide sur l'état des provinces de la monarchie espagnole et sur le caractère de leur gouvernement, Solis apprécie le caractère politique des deux derniers gouverneurs de l'Aragon et de la Castille et les effets de l'armement des villes qu'ils ordonnent, tant sur les grands que sur le peuple.

Pero reconociendo los dos gobernadores que estas disputas se iban encendiendo con ofensa de la magestad, y de su misma jurisdiccion, trataron de unirse en el gobierno: sana determinacion, si se conformáran los genios; pero discordaban, ó se compadecian mal la entereza del cardenal con la mansedumbre de Adriano, inclinado el uno á no sufrir compañero en sus resoluciones, y acompañándolas el otro con poca actividad, y sin noticia de las leyes y costumbres de la nacion. Produjo esto imperio dividido la misma division en los súbditos; con que andaba parcial la obediencia, y desunido el poder, obrando esta diferencia de impulsos en la república lo que obrarian en la nave dos timones, que, aun en tiempo de bonanza, formarian de su propio movimiento la tempestad.

Conociéronse muy presto los efectos de esta mala constitution, destemplándose enteramente los humores mal corregidos de que abundaba la república. Mandó el cardenal (y necesitó de poca persuacion para que viniese en ello su compañero) que se armasen las ciudades y villas del reino, y que cada una tuviese alistada su milicia, ejercitando la gente en el manejo de las armas, y en la obediencia de sus cabos; para cuyo fin señaló sueldos á los capitanes, y concedió esenciones á los soldados. Dicen unos que miró á su propia seguridad; y otros, que á tener un nervio de gente con que reprimir el orgullo de los grandes. Pero la esperiencia mostró brevemente que en aquella sazon no era conveniente este movimiento: porque los grandes y señores heredados (brazo dificultoso de moderar en tiempos tan revueltos) se dieron por ofendidos de que se armasen los pueblos, creyendo que no carecia de algun fundamento la voz que habia corrido de que los gobernadores querian examinar con esta fuerza reservada el orígen de sus señoríos, y el fundamento de sus alcabalas. Y en los mismos pueblos se esperimentaron diferentes efectos : porque algunas ciudades alistaron su gente, hicieron sus alardes, y formaron su escuela militar; pero en otras se miraron estos remedos de la guerra como pension de la libertad, y como peligros de la paz; siendo en unas y otras igual el inconveniente de la novedad; porque las ciudades que se dispusieron á obedecer supieron la fuerza que tenian para resistir ; y las que resistieron se hallaron con la que habian menester para llevarse tras sí á las obedientes, y ponerlo todo en confusion.

Les Indes n'avaient pas échappé à la funeste influence de l'esprit du temps. Il y avait du mécontentement dans la partie déjà conquise.

No por distantes se libraron las Indias de la mala constitucion del tiempo, que á fuer de influencia universal alcanzó tambien á las partes mas remotas de la monarquía. Reduciase entónces todo lo conquistado de aquel nuevo mundo á las cuatro islas de Santo Domingo, Cuba,

San Juan de Puerto Rico y Jamaica, y á una pequeña
parte de tierra firme, que se habia poblado en el Darien,
á la entrada del golfo de Uraba, de cuyos términos constaba lo que se comprendia en este nombre de las Indias
occidentales. Llamáronlas así los primeros conquistadores solo porque se parecian aquellas regiones en la riqueza y en la distancia á las orientales, que tomaron este
nombre del rio Indo que las baña. Lo demas de aquel
imperio consistia no tanto en la verdad, como en las esperanzas que se habian concebido de diferentes descubrimientos y entradas que hicieron nuestros capitanes con
varios sucesos, y con mayor peligro que utilidad; pero
en aquello poco que se poseia estaba tan olvidado el valor de los primeros conquistadores, y tan arraigada en
los ánimos la codicia, que solo se trataba de enriquecer,
rompiendo con la conciencia y con la reputacion: dos
frenos sin cuyas riendas queda el hombre á solas con su
naturaleza, y tan indómito y feroz en ella como los brutos mas enemigos del hombre. Ya solo venian de aquellas partes lamentos y querellas de lo que allí se padecia.
El celo de la religion y la causa pública cedian enteramente su lugar al interes y al antojo de los particulares:
y al mismo paso se iban acabando aquellos pobres indios, que gemian debajo del peso, anhelando por el oro
para la avaricia agena, obligados á buscar con el sudor
de su rostro lo mismo que despreciaban, y á pagar con
su esclavitud la ingrata fertilidad de su patria.

Influence de la conquête du Yucatan et de l'or que les
conquérants montraient aux autres Espagnols.

Creció por este tiempo la noticia y la opinion de aquella tierra con lo que referian de ella los soldados que
acompañaron á Francisco Fernandez de Córdoba en el
descubrimiento de Yucatan, península situada en los confines de Nueva España: y aunque fué poco dichosa esta
jornada, y no se pudo lograr entónces la conquista, por-

que murieron valerosamente en ella el capitan y la mayor parte de su gente, se logró por lo ménos la evidencia de aquellas regiones: y los soldados que iban llegando á esta sazon, aunque heridos y derrotados, traian tan poco escarmentado el valor que, entre los mismos encarecimientos de lo que habian padecido, se les conocia el ánimo de volver á la empresa, y le infundian en los demas españoles de la isla, no tanto con la voz y con el ejemplo, como con mostrar algunas joyuelas de oro que traian de la tierra descubierta, bajo de ley y en corta cantidad; pero de tan crecidos quilates en la ponderacion y en el aplauso, que se empezaron todos á prometer grandes riquezas de aquella conquista, volviendo á levantar sus fábricas la imaginacion fundadas ya sobre esta verdad de los ojos.

Algunos escritores no quieren pasar este primer oro ó metal con mezcla del que vino entónces de Yucatan: fúndanse en que no le hay en aquella provincia, ó en lo poco que es menester para contradecir á quien no se defiende. Nosotros seguimos á los que escriben lo que vieron, sin hallar gran dificultad en que pudiese venir el oro de otra parte á Yucatan; pues no es lo mismo producirle que tenerle: y el no haberse hallado, segun lo refieren, sino en los adoratorios de aquellos indios, es circunstancia que da á entender que le estimaban como esquisito, pues le aplicaban solamente al culto de sus dioses, y á los instrumentos de su adoracion.

Une expédition de Grijalva côtoie les régions qu'on désigna
sous le nom de Nouvelle-Espagne.

Navegaron de comun acuerdo la vuelta del poniente sin apartarse de la tierra mas de lo que hubieron menester para no peligrar en ella, y fueron descubriendo en una costa muy dilatada, y al parecer deliciosa, diferentes poblaciones con edificios de piedra, que hicieron novedad, y que á vista del alborozo con que se iban obser-

vando, parecian grandes ciudades. Señalábanse con la
mano las torres y capiteles que se fingian con el deseo,
creciendo esta vez los objetos en la distancia: y porque
alguno de los soldados dijo entónces que aquella tierra
era semejante á la de España, agradó tanto á los oyentes
esta comparacion, y quedó tan impresa en la memoria
de todos, que no se halla otro principio de haber qué-
dado aquellas regiones con el nombre de Nueva España:
palabras dichas casualmente con fortuna de repetidas, sin
que se halle la propiedad ó la gracia de que se valieron
para cautivar la memoria de los hombres.

Juan de Grijalva remonte le fleuve de Tabasco, descend à terre,
fait les cérémonies de prise de possession et envoie une dépu-
tation aux Indiens.

Siguieron la costa nuestros bajeles hasta llegar al parage donde se derrama por dos bocas en el mar el rio
Tabasco, uno de los navegables que dan el tributo de sus
aguas al golfo Mejicano. Llamóse desde aquel descubrimiento rio de Grijalva; pero dejó su nombre á la provincia que baña su corriente, situada en el principio de
Nueva España, entre Yucatan y Guazacoalco. Descubríanse
por aquella parte grandes arboledas, y tantas poblaciones en las dos riberas que, no sin esperanza de algun
progreso considerable, resolvió Juan de Grijalva, con
aplauso de los suyos, entrar por el rio á reconocer la
tierra: y hallando, con la sonda en la mano, que solo podia servirse para este intento de los dos navíos menores,
embarcó en ellos la gente de guerra, y dejó sobre las án-
coras, con parte de la marinería, los otros dos bajeles.

Empezaban á vencer no sin dificultad el impulso de la
corriente, cuando reconocieron á poca distancia considerable número de canoas guarnecidas de indios armados,
y en la tierra algunas cuadrillas inquietas que, al parecer, intimaban la guerra, y, con las voces y los movimientos que ya se distinguian, daban á entender la dificultad

de la entrada : ademanes que suele producir el temor en los que desean apartar el peligro con la amenaza. Pero los nuestros, enseñados á mayores intentos, se fueron acercando en buena órden hasta ponerse en parage de ofender, y ser ofendidos. Mandó el general que ninguno disparase, ni hiciese demostracion que no fuese pacífica; y á ellos les debió de ordenar lo mismo su admiracion: porque estrañando la fábrica de las naves, y la diferencia de los hombres y de los trages, quedaron sin movimiento, impedidas violentamente las manos en la suspension natural de los ojos. Sirvióse Juan de Grijalva de esta oportuna y casual diversion del enemigo para saltar en tierra: siguióle parte de su gente con mas diligencia que peligro : púsola en escuadron : arbolóse la bandera real; y hechas aquellas ordinarias solemnidades, que, siendo poco mas que ceremonias, se llamaban actos de posesion, trató de que entendiesen aquellos indios que venia de paz, y sin ánimo de ofenderlos. Llevaron este mensage dos indios muchachos que se hicieron prisioneros en la primera entrada de Yucatan, y tomaron en el bautismo los nombres de Julian y Melchor. Entendian aquella lengua de Tabasco, por ser semejante á la de su patria, y habian aprendido la nuestra de manera que se daban á entender con alguna dificultad; pero donde se hablaba por señas, se tenia por elocuencia su corta esplicacion.

Resultó de esta embajada el acercarse con recatada osadía hasta treinta indios en cuatro canoas. Eran las canoas unas embarcaciones que formaban de los troncos de sus árboles, labrando en ellos el vaso y la quilla con tal disposicion que cada tronco era un bajel; y los habia capaces de quince y de veinte hombres. Tal es la corpulencia de aquellos árboles, y tal la fecundidad de la tierra que los produce. Saludáronse unos y otros cortesmente: y Juan de Grijalva, despues de asegurarlos con algunas dádivas, les hizo un breve razonamiento, dándoles á entender por medio de sus intérpretes cómo él, y todos aquellos soldados, eran vasallos de un poderoso monarca que tenia su imperio donde sale el sol: en cuyo nombre venian á ofrecerles la paz y grandes felicidades, si trataban de reducirse á su obediencia. Oyeron esta proposicion con señales de atencion desabrida: y no es de omitir la natural discrecion de uno de aquellos bárbaros, que poniendo silencio á los demas, respondió á Grijalva con entereza y resolucion: « Que no le parecia buen género de paz la que se queria introducir envuelta en la sujecion y en el vasallage; ni podia dejar de estrañar como cosa intempestiva el hablarles en nuevo señor, hasta saber si estaban descontentos con el que tenian. Pero que en el punto de la paz ó la guerra, pues allí no habia otro en que discurrir, hablarian con sus mayores y volverian con la respuesta. »

Propos des soldats espagnols étonnés de la sagesse et de la résolution des Indiens: ils craignent leur courage ou leur finesse. — Les Indiens reviennent avec des signes de paix et des présents.

Despidiéronse con esta resolucion; y quedaron los nuestros igualmente admirados que cuidadosos, mezclándose el gusto de haber hallado indios de mas razon y discurso, con la imaginacion de que serian mas dificultosos de vencer, pues sabrian pelear los que sabian discurrir; ó por lo ménos se debia temer otro género de valor en otro género de entendimiento: siendo cierto que en la guerra pelea mas la cabeza que las manos. Pero estas consideraciones del peligro en que discurrian variamente los capitanes y los soldados, pasaban como avisos de la prudencia, que ó no tocaban, ó tocaban poco en la region del ánimo. Desengañáronse brevemente; porque volvieron los mismos indios con señales de paz, diciendo: « Que sus caciques la admitian, no porque temiesen la guerra, ni porque fuesen tan fáciles de vencer como los de Yucatan, cuyo suceso habia llegado ya á su noticia; sino porque dejando los nuestros en su arbitrio la paz ó la guerra, se hallaban obligados á elegir lo mejor. » Y en señas de la nueva amistad que venian á establecer, trujeron un regalo abundante de bastimentos y frutas de la tierra. Llegó poco despues el cacique principal con moderado acompañamiento de gente desarmada, dando á entender la confianza que hacia de sus huéspedes, y que venia seguro en su propia sinceridad. Recibióle Grijalva con demostraciones de agrado y cortesía; y él correspondió con otro género de sumisiones á su modo, en que no dejaba de reconocerse alguna gravedad afectada ó verdadera: y despues de los primeros cumplimientos mandó que llegasen sus criados con otro presente que traian de diversas alhajas de mas artificio que valor: plumages de varios colores, ropas sutiles de algodon, y algunas figuras de animales para su adorno, hechas de oro sencillo y ligero, ó formadas de madera primorosamente, con engastes y láminas de oro sobrepuesto. Y sin esperar el agredecimiento de Grijalva, le dió á entender el cacique por medio de los intérpretes: « Que su fin era la paz; y el intento de aquel regalo despedir á los huéspedes para poder mantenerla. » Respondióle: « Que hacia toda estimacion de su liberalidad, y que su ánimo era pasar adelante, sin detenerse ni hacerles disgusto: » resolucion á que se hallaba inclinado, parte por corresponder generosamente á la confianza y buen término de aquella gente; y parte por la conveniencia de tener retirada, y dejar amigos á las espaldas para cualquier accidente que se le ofreciese: y así se despidió y volvió á embarcar, regalando primero al cacique y á sus criados con algunas bujerías de Castilla, que siendo de cortísimo valor, llevaban el precio en la novedad. Ménos lo estrañáran hoy los españoles hechos á comprar como diamantes los vidrios estrangeros.

Grijalva continue son voyage: il découvre de nouvelles terres;
il envoie Francisco de Montejo reconnaître le fleuve Banderas.
Les Indiens l'accueillent avec des démonstrations de paix.
Espagnols et Indiens se font réciproquement des présents. Ap-
préciation de ces présents.

Prosiguieron su viaje Grijalva y sus compañeros por
la misma derrota, descubriendo nuevas tierras y poblaciones sin suceso memorable; hasta que llegaron á un
rio que llamaron de Banderas, porque en su márgen, y
por la costa vecina á él, andaban muchos indios con banderas blancas pendientes de sus astas : y en el modo de
tremolarlas acompañado con las señas, voces y movimientos que se distinguian, daban á entender que estaban de
paz, y que llamaban, al parecer, mas que despedian á los
pasageros. Ordenó Grijalva que el capitan Francisco de
Montejo se adelantase con alguna gente repartida en dos
bateles, para reconocer la entrada, y examinar el intento
de aquellos indios: el cual hallando buen surgidero, y
poco que recelar en el modo de la gente, avisó á los demas que podian acercarse. Desembarcaron todos, y fueron recibidos con grande admiracion y agasajo de los
indios; entre cuyo numeroso concurso se adelantaron
tres, que en el adorno parecian los principales de la tierra: y deteniéndose lo que hubieron menester para observar en el respeto de los otros cuál era el superior, se
fueron derechos á Grijalva haciéndolo grandes reverencias; y él los recibió con igual demostracion. No entendian aquella lengua nuestros intérpretes; y así se redujeron los cumplimientos á señas de urbanidad, ayudadas
con algunas palabras de mas sonido que significacion.
Ofrecióse luego á la vista un banquete que tenian prevenido de mucha diferencia de manjares puestos ó arrojados sobre algunas esteras de palma que ocupaban las
sombras de los árboles: rústica y desaliñada opulencia,
pero nada ingrata al apetito de los soldados. Despues de
cuyo refresco mandaron los tres indios á su gente que

manifestase algunas piezas de oro que tenian reservadas: y en el modo de mostrarlas y de tenerlas se conoció que no trataban de presentarlas, sino de comprar con ellas la mercaderia de nuestras naves, cuya fama habia llegado ya á su noticia. Pusiéronse luego en feria aquellas sartas de vidrio, peines, cuchillos y otros instrumentos de hierro y de alquimia, que en aquella tierra podian llamarse joyas de mucho precio, pues el engaño con que se codiciaban era ya verdad en lo que valian. Fuéronse trocando estas bujerias á diferentes alhajas y preseas de oro, no de muchos quilates, pero en tanta abundancia que en seis dias que se detuvieron aquí los españoles, importaron los rescates mas de quince mil pesos.

No sabemos con qué propiedad se dió el nombre de rescates á este género de permutaciones, ni por qué se llamó rescatado el oro que en la verdad pasaba á mayor cautiverio, y estaba con mas libertad donde le estimaban ménos; pero usaremos de este mismo término por hallarle introducido en nuestras historias, y primero en las de la India oriental: puesto que en los modos de hablar, con que se esplican las cosas, no se debe buscar tanto la razon como el uso, que segun el sentir de Horacio, es árbitro legítimo de los aciertos de la lengua, y pone, ó quita, como quiere, aquella congruencia que halla el oido entre las voces y lo que significan.

Après l'expédition de J. de Grijalva, Diego de Velasquez en fait entreprendre une seconde qui est confiée à Fernand Cortés. Biographie et portrait de ce nouveau commandant.

Pero ántes que pasemos adelante, será bien que digamos quién era Hernan Cortés, y por cuantos rodeos vino á ser de su valor y de su entendimiento aquella grande obra de la conquista de Nueva España, que puso en sus manos la felicidad de su destino. Llamamos destino, hablando cristianamente, aquella soberana y altísima disposicion de la primera causa, que deja obrar á las segundas como dependientes suyas, y medianeras de la naturaleza, en órden á que suceda con la eleccion del hombre lo que permite ó lo que ordena Dios. Nació en Medellin, villa de Estremadura, hijo de Martin Cortés de Monroy y doña Catalina Pizarro Altamirano, cuyos apellidos no solo dicen, sino encarecen lo ilustre de su sangre. Dióse á las letras en su primera edad, y cursó en Salamanca dos años, que le bastaron para conocer que iba contra su natural, y que no convenia con la viveza de su espíritu aquella diligencia perezosa de los estudios. Volvió á su casa resuelto á seguir la guerra : y sus padres le encaminaron á la de Italia, que entónces era la de mas pundonor, por estar calificada con el nombre del Gran Capitan ; pero, al tiempo de embarcarse, le sobrevino una enfermedad que le duró muchos dias : de cuyo accidente resultó el hallarse obligado á mudar de intento, aunque no de profesion. Inclinóse á pasar á las Indias, que como entónces duraba su conquista, se apetecian con el valor, mas que con la codicia. Ejecutó su pasage con gusto de sus padres, el año de mil quinientos y cuatro, y llevó cartas de recomendacion para don Nicolas de Obando, comendador mayor de la órden de Alcántara, que era su deudo, y gobernaba en esta sazon la isla de Santo Domingo. Luego que llegó á ella, y se dió á   , halló grande agasajo y estimacion en todos, y tan agradable acogida en el gobernador que le admitió desde luego entre los suyos, y ofreció cuidar de sus aumentos con particular aplicacion. Pero no bastaron estos favores para divertir su inclinacion ; porque se hallaba tan violento en la ociosidad de aquella isla, ya pacificada y poseida sin contradiccion de sus naturales, que pidió licencia para empezar á servir en la de Cuba, donde se traian por entónces las armas en las manos : y haciendo este viaje con beneplácito de su pariente, trató de acreditar, en las ocasiones de aquella guerra, su valor y obediencia, que son los primeros rudimentos de esta facultad. Consiguió brevemente la opinion de valeroso ; y tardó poco mas en darse á conocer su entendimiento : porque sabiendo adelantarse entre los soldados, sabia tambien dificultar y resolver entre los capitanes.

Era mozo de gentil presencia y agradable rostro, y sobre estas recomendaciones comunes de la naturaleza, tenia otras de su propio natural, que le hacian amable; porque hablaba bien de los ausentes, era festivo y discreto en las conversaciones, y partia con sus compañeros cuanto adquiria, con tal generosidad que sabia ganar amigos, sin buscar agradecidos. Casó en aquella isla con doña Catalina Suarez Pacheco, doncella noble y recatada.

F. Cortés accepte le commandement de cette expédition. Conduite des rivaux de Cortés à son égard.

— Aceptó Cortés el nuevo cargo con todo rendimiento y estimacion, agradeciendo entónces la confianza que se hacia de su persona con las mismas veras que sintió despues la desconfianza. Publicóse la resolucion, y fué bien recibida entre los que deseaban el cargo; entre los cuales sacaron la cara con mayor osadía los parientes de Diego Velazquez, que hicieron grandes esfuerzos para desconfiarle de Hernan Cortés. Decíanle : « Que fiaba mucho de un hombre poco arraigado en su obligacion : que si volvia los ojos á su modo de obrar y discurrir, le hallaria de ánimo poco seguro, porque no solian andar juntas su intencion y sus palabras : que su agrado y liberalidad tenian mucho de astucia, y le hacian sospechoso á los que no se gobiernan por las aperiencias de la virtud; porque cuidaba demasiadamente de ganar voluntades, y los amigos, cuando son muchos, suelen abultar como parciales : que se acordase de que lo tuvo preso y disgustado, y que pocas veces salen buenos los confidentes que se hacen de los quejosos; porque en las heridas del ánimo quedan cicatrices como en las demas, y suelen estas acordar la ofensa, cuando se mira como posible la venganza. » A que añadian otras razones de mas ruido que sustancia, sin acertar con el camino de la sinceridad ; porque querian parecer celosos, para disimular que lo estaban.

Cuentan que saliendo un dia á pasearse Diego Velazquez con Hernan Cortés y con sus parientes y amigos, le dijo un loco gracioso, de cuyos delirios gustaba : « Buena la has hecho, amigo Diego, presto será menester otra armada para salir á caza de Cortés. » Y hay quien lo refiera como vaticinio, ponderando lo que suelen acertar los locos, y la impresion que hizo esta profecía, así se resuelven á llamarla, en el ánimo de Diego Velazquez. Dejemos á los filósofos el discurrir sobre si cabe el acierto de las cosas futuras entre los errores de la imaginacion ; ó si es posible á la destemplanza del juicio el encontrar con la adivinacion : que ellos gastarán el ingenio en fingir habilidades á la melancolía : y nosotros creeremos que lo dijo el loco, porque le impusieron en ello los émulos de Cortés, y que andaba pobre de medios la malicia, cuando se llegaba á socorrer de la locura.

Soins que savait prendre Cortés. Sa conduite envers le soldat.

Pero no sabia Cortés perder el tiempo que se detenia : y así ordenó que se sacase á tierra la artillería, que se limpiasen y probasen las piezas, observando los artilleros el alcance de las balas : y por haber en aquella tierra copia de algodon, mandó hacer cantidad de armas defensivas de unos colchados en forma de casacas, que llamaban escaupiles, invencion de la necesidad, que aprobó despues la esperiencia, dando á conocer que un poco de algodon flojamente punteado, y sujeto entre dos lienzos, era mejor defensa que el acero para resistir á las flechas y dar dos arrojadizos de que usaban los indios, porque perdian la fuerza entre la misma flojedad del reparo, y quedaban sin actividad para ofender á otro con la resulta del golpe.

Al mismo tiempo hacia que los soldados se habilitasen en el uso de los arcabuces y las ballestas, y se enseñasen á manejar la pica, á formar y desfilar un escuadron, á dar una carga, y á ocupar un puesto, adestrándolos él mismo con la voz y con el ejemplo en estos ensayos ó rudimentos del arte militar, como lo observaban los antiguos capitanes, que fingian las batallas y los asaltos para enseñar á los bisoños la verdad de la guerra : cuya disciplina, practicada cuidadosamente en el tiempo de la paz, tuvo tanta estimacion entre los romanos, que de este ejercicio tomaron el nombre los ejércitos.

Discours de Cortès à ses soldats, après leur arrivée dans l'île
de Cozumel.

« Cuando considero, amigos y compañeros mios, cómo nos ha juntado en esta isla nuestra felicidad, cuántos estorbos y persecuciones dejamos atras, y cómo se nos han deshecho las dificultades, conozco la mano de Dios en esta obra que emprendemos, y entiendo que en su altísima providencia es lo mismo favorecer los principios que prometer los sucesos. Su causa nos lleva, y la de nuestro rey, que tambien es suya, á conquistar regiones no conocidas ; y ella misma volverá por sí, mirando por nosotros. No es mi ánimo facilitaros la empresa que acometemos : combates nos esperan sangrientos, facciones increibles, batallas desiguales en que habreis menester socorreros de de todo vuestro valor, miserias de la necesidad, inclemencias del tiempo, y asperezas de la tierra, en que os será necesario el sufrimiento, que es el segundo valor de los hombres, y tan hijo del corazon como el primero : que en la guerra mas veces sirve la paciencia que las manos ; y quizá por esta razon tuvo Hércules el nombre de invencible, y se llamaron trabajos sus hazañas. Hechos estais á padecer, y hechos á pelear en esas islas que dejais conquistadas : mayor es nuestra empresa, y debemos ir prevenidos de mayor osadía ; que siempre son las dificultades del tamaño do los intentos. La antigüedad pintó en

lo más alto de los montes el templo de la Fama, y su simulacro en lo más alto del templo, dando á entender que,
para hallarla, aun despues de vencida la cumbre, era menester el trabajo de los ojos. Pocos somos; pero la union
múltiplica los ejércitos, y en nuestra conformidad está
nuestra mayor fortaleza. Uno, amigos, ha de ser el consejo en cuanto se resolviere, una la mano de la ejecucion,
comun la utilidad y comun la gloria en lo que se conquis-
tare. Del valor de cualquiera de nosotros se ha de fabricar
y componer la seguridad de todos. Vuestro caudillo soy :
y seré el primero en aventurar la vida por el menor de los
soldados. Mas tendreis que obedecer en mi ejemplo que
en mis órdenes : y puedo aseguraros de mí, que me basta
el ánimo á conquistar un mundo entero; y aun me lo
promete el corazon con no sé qué movimiento estraordinario, que suele ser el mejor de los presagios. Alto pues
á convertir en obras las palabras; y no os parezca temeridad esta confianza mia, pues se funda en que os tengo á mi
lado y dejo de fiar de mí todo lo que espero de vosotros.»

Temple et forme de l'idole de Cozumel. — Cortés fait renverser
    l'idole et convertir le temple en église du Christ.

A poco trecho de la costa se hallaron en el templo de
aquel idolo tan venerado, fábrica de piedra en forma cua-
drada, y no de despreciable arquitectura. Era el ídolo de
figura humana; pero de horrible aspecto y espantosa fie-
roza, en que se dejaba conocer la semejanza de su original.
Observóse esta misma circunstancia en todos los ídolos
que adoraba aquella gentilidad, diferentes en la hechura
y en la significacion, pero conformes en lo feo y abominable : ó acertasen aquellos bárbaros en lo que fingian; ó
fuese que el demonio se les aparecia como es, y dejaba en
su imaginacion aquellas especies : con que seria primorosa
imitacion del artífice la fealdad del simulacro.
    Dicen que se llamaba este ídolo Cozumel, y que dió

á la isla el nombre que se conserva hoy en ella : mal conservado si es el nombre que el demonio tomó para sí : falta de advertencia que se ha vinculado en los mapas contra toda razon. Habia gran concurso de indios cuando llegaron los españoles, y en medio de ellos estaba un sacerdote, que se diferenciaba de los demas en no sé qué ornamento, ó media vestidura de que tenia mal cubiertas las carnes : y al parecer les predicaba, ó inducia con voces y ademanes dignos de risa ; porque desvariaba en tono de sermon, y con toda aquella gravedad y ponderacion que cabe en un hombre desnudo. Interrumpióle Cortés, y vuelto al cacique, le dijo : « Que para mantener la amistad que entre los dos tenian asentada, era necesario que dejase la falsa adoracion de sus ídolos, y que á su ejemplo hiciesen lo mismo sus vasallos. » Y apartándose con él y con el intérprete, le dió á entender su engaño, y la verdad de nuestra religion, con argumentos manuales acomodados á la rudeza de sus oidos; pero tan eficaces que el indio quedó asombrado, sin acertar á responder, como quien tenia entendimiento para conocer su ignorancia. Cobróse, y pidió licencia para comunicar aquel negocio á los sacerdotes : porque en puntos de religion les dejaba, ó les cedia la suprema autoridad. De cuya conferencia, resultó el venir aquel venerable predicador acompañado de otros de su profesion, y el dar todos grandes voces, que descifradas por el intérprete contenian diferentes protestas de parte del cielo contra cualquiera que se atreviese á turbar el culto de sus dioses, intimando que se veria el castigo al mismo instante que se intentase el atrevimiento. Irritóse Cortés de oir semejante amenaza; y los soldados hechos á observar su semblante, conocieron su determinacion, y embistieron con el ídolo, arrojándole del altar hecho pedazos, y ejecutando lo mismo con otros ídolos menores que ocupaban diferentes nichos. Quedaron atónitos los indios de ver posible aquel destrozo : y como el cielo se estuvo quedo, y tardó la venganza que esperaban, se fué convirtiendo en desprecio la adoracion, y empezaron á correrse de tener dioses tan sufridos: siendo esta vergüenza el primer esfuerzo que hizo la verdad en sus corazones. Corrieron la misma fortuna otros adoratorios: y en el principal de ellos, limpio ya de aquellos fragmentos inmundos, se fabricó un altar, y se colocó una imágen de Nuestra Señora, fijando á la entrada una cruz grande que labraron con piadosa diligencia los carpinteros de la armada. Dijose misa en aquel altar el dia siguiente, y asistieron á ella, mezclados con los españoles, el cacique y mucho número de indios con un silencio, que parecia devocion, y pudo ser efecto natural que infunden aquellas santas ceremonias, ó sobrenatural del mismo inefable misterio.

Un Espagnol, prisonnier des Indiens, qui le destinaient à un sacrifice humain, est délivré par F. Cortès.

Llamábase Gerónimo de Aguilar, natural de Ecija : estaba ordenado de evangelio : y segun lo que despues refirió de su fortuna y sucesos, habia estado cerca de ocho años en aquel miserable cautiverio. Padeció naufragio en los bajos que llaman de los Alacranes una carabela en que pasaba del Darien á la isla de Santo Domingo; y escapando en el esquife con otros veinte compañeros, se hallaron todos arrojados del mar en la costa de Yucatan, donde los prendieron, y llevaron á una tierra de indios caribes : cuyo cacique mando apartar luego á los que venian mejor tratados, para sacrificarlos á sus ídolos, y celebrar despues un banquete con los miserables despojos del sacrificio. Uno de los que se reservaron para otra ocasion, defendidos entónces de su misma flaqueza, fué Gerónimo de Aguilar; pero le prendieron rigurosamente, y lo regalaban con igual inhumanidad, pues le iban disponiendo para el segundo banquete. ¡Rara bestialidad, horrible á la naturaleza y á la pluma! Escapó como pudo do una jaula de madera en que le tenian; no tanto porque le pareciese posible salvar la vida, como para buscar otro género de muerte : y caminando algunos dias apartado de las poblaciones, sin otro alimento que el que le daban las yerbas del campo, cayó despues en manos de unos indios, que le presentaron á otro cacique enemigo del primero, á quien hizo ménos inhumano la oposicion á su contrario, y el deseo de afectar mejores costumbres. Sirvióle algunos años, esperimentando en esta nueva esclavitud diferentes fortunas : porque al principio le obligó á trabajar mas de lo que alcanzaban sus fuerzas; pero despues le hizo mejor tratamiento, pagado, al parecer, de su obediencia, y particularmente de su honestidad : para cuya esperiencia le puso en algunas ocasiones, ménos decentes en la narracion, que admirables en su continencia : que no hay tan bárbaro entendimiento donde no se deje conocer alguna inclinacion á las virtudes. Dióle ocupacion cerca de su persona, y en breves dias tuvo su estimacion y su confianza.

Lutte de Fernand Cortés contre les Indiens, à son débarquement
dans le fleuve Grijalva.

Ibase acercando la noche, que en tierra no conocida trae sobre los soldados segunda oscuridad; y así determinó hacer alto para esperar el dia : y dando al mayor acierto de la faccion aquel tiempo que la dilataba, dispuso que se trujese la artilleria de los bajeles mayores, y que se armase toda la gente con aquellos escaupiles, ó capotes de algodon, que resistian á las flechas : y dió las demas órdenes que tuvo por necesarias, sin encarecer el riesgo, ni desestimarle. Puso gran cuidado en esta primera empresa de su armada, conociendo lo que importa siempre e empezar bien, y particularmente en la guerra, donde los buenos principios sirven al crédito de las armas, y al mismo valor de los soldados : siendo como propiedad de la primera ocasion el influir en las que vienen despues, ó el tener no sé qué fuerza oculta sobre los demas sucesos.

Luego que llegó la mañana se dispusieron los bajeles en forma de media luna, que se iba disminuyendo en su mismo tamaño, y remataba en los esquifes : para cuya ordenanza daba sobrado término la grandeza del rio : y se prosiguió la entrada con un género de sosiego que iba convidando con la paz ; pero á breve rato se descubrieron las canoas de los indios, que esperaban en la misma disposicion, y con las mismas amenazas que la tarde ántes. Ordenó Cortés que ninguno de los suyos se moviese hasta que diesen la carga : diciendo á todos que allí se debia usar primero de la rodela que de la espada, por ser aquella una guerra cuya justicia consistia en la provocacion : y deseoso de hacer algo mas por la razon, para tenerla de su parte, dispuso que se adelantase Aguilar segunda vez, y los volviese á requerir con la paz : dándoles á entender que aquella armada era de amigos, que solo entraban á tratar de su bien en fe de la confederacion que tenian hecha con Juan de Grijalva ; y que el no admitirlos seria faltar á ella, y ocasionarlos á que se abriesen el paso con las armas, quedando por su cuenta el daño que recibiesen.

Respondieron á este segundo requerimiento con hacer la seña de embestir ; y se fueron mejorando ayudados de la corriente, hasta que puestos en distancia propocionada con el alcance de sus flechas, dispararon á un tiempo tanta multitud de ellas desde las canoas, y desde la márgen mas vecina del rio, que anduvo algo apresurada en los españoles la necesidad de cubrirse y cuidar de su defensa. Pero recibida la primera carga, conforme á la órden que llevaban, usaron luego de sus armas y de su esfuerzo con tanta diligencia, que los indios de las canoas desembarazaron el paso puestos en confusion, arrojándose al agua con el espanto que concibieron del mismo daño que conocian en los suyos.

Fortifications de Tabasco.

Teníanla fortificada con un género de muralla que usaban casi en todas las Indias, hecha de troncos robustos de árboles fijos en la tierra, al modo de nuestras estacadas, pero apretados entre sí con tal disposicion que las junturas les servian de troneras para despedir sus flechas. Era el recinto de figura redonda, sin traveses, ni otras defensas : y al cerrarse el círculo, dejaba hecha la entrada, cruzando por algun espacio las dos líneas, que componian una calle angosta en forma de caracol, donde acomodaban dos ó tres garitas ó castillejos de madera, que estrechaban el paso, y servian de ordinario á sus centinelas : bastante fortaleza para las armas de aquel nuevo mundo, donde no se entendian, con feliz ignorancia, las artes de la guérra, ni aquellas ofensas y reparos que enseñó la malicia, y aprendió la necesidad de los hombres.

Attaque de Tabasco par Fernand Cortés.

A esta villa, córte de aquella provincia, y de esta suerte fortificada, llegó Hernan Cortés algo ántes que Alfonso Dávila, á quien detuvieron otros pantanos y lagunas, donde le llevó engañosamente el camino : y sin dar tiempo á los indios para que se reparasen, ni á los suyos para que discurriesen en la dificultad, incorporó con su gente los cien hombres que venian de refresco : y repartiendo algunos instrumentos que parecieron necesarios para deshacer la estacada, dió la señal de acometer, deteniéndose á decir solamente : « Aquel pueblo, amigos, ha de ser esta noche nuestro alojamiento : en él se han retraido los mismos que acabais de vencer en la campaña. Esa frágil muralla que los defiende sirve mas á su temor que á su seguridad. Vamos pues á seguir la victoria comenzada, ántes que pierdan esos bárbaros la costumbre de huir, ó sirva nuestra detencion á su atrevimiento. » Esto acabó de pronunciar con la espada en la mano : y diciendo lo demas con el ejemplo, se adelantó á todos, infundiendo en todos el deseo de adelantarse.

Embistieron á un tiempo con igual resolucion : y desviando con las rodelas y con las espadas la lluvia de flechas que cegaba el camino, se hallaron brevemente al pié de aquella rústica fortificacion que cercaba el lugar. Sirvieron entónces sus mismas troneras á los arcabuces y ballestas de nuestra gente; con que se apartó el enemigo, y tuvieron lugar los que no peleaban de echar en tierra parte de la estacada. No hubo dificultad en la entrada, porque los indios se retiraron á lo interior de la villa; pero á pocos pasos se reconoció que tenian atajadas las calles con otras estacadas del mismo género, donde iban haciendo rostro, y dando sus cargas, aunque con poco efecto, porque se embarazaban en su muchedumbre, y los que se retiraban huyendo de un reparo en otro desordenaban á los que acometian.

Habia en el centro de la villa una gran plaza, donde los indios hicieron el último esfuerzo; pero á breve resistencia volvieron las espaldas, desemparando el lugar, y corriendo atropelladamente á los bosques. No quiso Hernan Cortés seguir el alcance, por dar tiempo á sus soldados para que descansasen, y á los fugitivos para que se inclinasen á la paz, dejándose aconsejar de su escarmiento.

Quedó entónces Tabasco por los españoles : poblacion grande, y con todas las prevenciones de puesta en defensa, porque habian retirado sus familias y haciendas, y tenian hecha su provision de bastimentos : con que faltó el pillage á la codicia; pero se halló lo que pedia la necesidad.

Les Espagnols luttent contre une nombreuse armée d'Indiens de la province de Tabasco.

Hiciéronse en esta ocasion algunos prisioneros : y Hernan Córtes ordenó que Gerónimo de Aguilar los fuese examinando separadamente, para saber en qué fundaban su obstinacion aquellos indios, y con qué fuerzas se hallaban para mantenerla. Respondieron con alguna variedad en las circunstancias; pero concordaron en decir que estaban convocados todos los caciques de la comarca para asistir á los de Tabasco, y que el dia siguiente se habia de juntar un ejército poderoso para acabar con los españoles: de cuya prevencion era un pequeño trozo el que peleó con Francisco de Lugo y Pedro de Alvarado. Pusieron en algun cuidado á Hernan Cortés estas noticias; y sin cuidar en lo que convenia, resolvió preguntarlo á sus capitanes, y obrar con su consejo lo que se habia de ejecutar con sus manos. Propúsoles « la dificultad en que se hallaban, el corto número de su gente, y la prevencion grande que tenian hecha los indios para deshacerlos; » sin encubrirles circunstancia alguna de lo que decian los prisioneros: y pasó despues á considerar por otra parte « el empeño de sus armas, poniéndoles delante su mismo valor, la desnudez y flaqueza de sus contrarios, y la facilidad con que los habian vencido en Tabasco y en la desembarcacion.» Y sobre todo, cargó la consideracion « en la mala consecuencia de volver las espaldas á la amenaza de aquellos bárbaros, cuya jactancia podria llevar la voz á la misma tierra donde caminaban: siendo de tanto peso este descrédito, que en su modo de entender, ó se debia dejar enteramente la empresa de Nueva España, ó no pasar de allí sin que se consiguiese la paz ó la sujecion de aquella provincia; pero que este dictámen suyo se quedaba en términos de proposicion: porque su ánimo era ejecutar lo que tuviesen por mejor. »

Bien sabian todos que no era afectada en él esta docilidad; porque se preciaba mucho de amigo del consejo, y de conocer el acierto, aunque le hallase en opinion agena: siendo esta una de sus mejores propiedades, y bastante argumento de su prudencia : pues no sobresale tanto el entendimiento en la razon que forma, como en la que reconoce. Votaron con esta seguridad, y concordaron todos

en que ya no era practicable el salir de aquella tierra, sin
que sus habitadores quedasen reducidos ó castigados:
con que pasó Cortés á las prevenciones de su empresa.

Describiremos cómo venian, y su modo de guerrear,
cuya noticia servirá para las demas ocasiones de esta conquista, por ser uno en casi todas las naciones de Nueva
España el arte de la guerra. Eran arcos y flechas la mayor
parte de sus armas : sujetaban el arco con nervios de
animales, ó correas torcidas de piel de venado : y en las
flechas suplian la falta del hierro con puntas de hueso
y espinas de pescados. Usaban tambien un género de dardos que jugaban ó despedian segun la necesidad, y unas
espadas largas que esgrimian á dos manos, al modo que
se manejan nuestros montantes, hechas de madera, en
que ingerian, para formar el corte, agudos pedernales.
Servíanse de algunas mazas de pesado golpe con puntas
de pedernal en los estremos, que encargaban á los mas
robustos : y habia indios pedreros que revolvian y disparaban sus hondas con igual pujanza que destreza. Las
armas defensivas, de que usaban solamente los capitanes
y personas de cuenta, eran colchados de algodon, mal
aplicados al pecho, petos y rodelas de tabla, ó conchas de
tortuga, guarnecidas con láminas del metal que alcanzaban : y en algunos era el oro lo que en nosotros el hierro.
Los demas venian desnudos, y todos afeados con varias
tintas y colores, de que se pintaban el cuerpo y el rostro:
gala militar de que usaban, creyendo que se hacian horribles á sus enemigos, y sirviéndose de la fealdad para la
fiereza, como se cuenta de los Arios de la Germania : por
cuya costumbre, semejante á la de estos indios, dice Tá-
cito que son los ojos los primeros que se han de vencer

en las batallas. Ceñian las cabezas con unas como coronas hechas de diversas plumas, levantadas en alto : persuadidos tambien á que el penacho los hacia mayores, y daba cuerpo á sus ejércitos. Tenian sus instrumentos y toques de guerra con que se entendian y animaban en las ocasiones : flautas de gruesas cañas, caracoles marítimos, y un género de cajas que labraban de troncos huecos y adelgazados por el cóncavo hasta que respondiesen á la baqueta con el sonido : desapacible música, que debia de ajustarse con la desproporcion de sus ánimos.

Formaban sus escuadrones amontonando, mas que distribuyendo la gente : y dejaban algunas tropas de reten que socorriesen á los que peligraban. Embestian con ferocidad, espantosos en el estruendo con que peleaban, porque daban grandes alaridos y voces para amedrentar al enemigo : costumbre que refieren algunos entre las barbaridades y rudezas de aquellos indios, sin reparar en que la tuvieron diferentes naciones de la antigüedad, y no la despreciaron los romanos : pues Julio César alaba los clamores de sus soldados, culpando el silencio en los de Pompeyo : y Caton el Mayor solia decir que debia mas victorias á las voces que á las espadas : creyendo unos y otros que se formaba el grito del soldado en el aliento del corazon. No disputamos sobre el acierto de esta costumbre ; solo decimos que no era tan bárbara en los indios, que no tuviese algunos ejemplares. Componíanse aquellos ejércitos de la gente natural, y diferentes tropas ausiliares de las provincias comarcanas, que acudian á sus confederados conducidas por sus caciques, ó por algun indio principal de su parentela : y se dividian en compañías, cuyos capitanes guiaban, pero apénas gobernaban su gente ; porque en llegando la ocasion, mandaba la ira, y á veces el miedo : batallas de muchedumbre, donde se llegaba con igual ímpetu al acometimiento que á la fuga.

Arrivée des Espagnols à Saint Jean d'Ulloa.

El dia siguiente, viérnes santo por la mañana, desembarcaron todos en la playa mas vecina, y mandó Cortés que se sacasen á tierra los caballos y la artillería, y que los soldados, repartidos en tropas, hiciesen fagina, sin descuidarse con las avenidas, y fabricasen número suficiente de barracas en que defenderse del sol, que ardia con bastante fuerza. Plantóse la artillería en parte que mandase la campaña; y tardaron poco en hallarse todos debajo de cubierto : porque acudieron al trabajo muchos indios que envió Teutile con bastimentos, y órden para que ayudasen en aquella obra, los cuales fueron de grande alivio : porque traian sus instrumentos de pedernal con que cortaban las estacas, y fijándolas en tierra, entretejian con ellas ramos y hojas de palma, formando las paredes y el techo con presteza y facilidad : maestros en este género de arquitectura, que usaban en muchas partes para sus habitaciones; y ménos bárbaros en medir sus edificios con la necesidad de la naturaleza, que los que fabrican grandes palacios para que viva estrechamente su vanidad. Traian tambien algunas mantas de algodon, que acomodaron sobre las barracas principales, para que estuviesen mas defendidas del sol.

Les dessinateurs mexicains. — L'écriture du Mexique.

Andaban á este tiempo algunos pintores mejicanos que vinieron entre el acompañamiento de los dos gobernadores, copiando con gran diligencia sobre lienzos de algodon, que traian prevenidos y emprimados para este ministerio, las naves, los soldados, las armas, la artillería y los caballos, con todo lo demas que se hacia reparable á sus ojos : de cuya variedad de objetos formaban diferentes paises de no despreciable dibujo y colorido.

Hacianse estas pinturas de órden de Teutile para avisar con ellas á Motezuma de aquella novedad : y á fin de facilitar su inteligencia, iban poniendo á trechos algunos caractéres, con que, al parecer, esplicaban y daban significion á lo pintado. Era este su modo de escribir, porque no alcanzaron el uso de las letras, ni supieron fingir aquellas señales ó elementos que inventaron otras naciones para retratar las sílabas, y hacer visibles las palabras; pero se daban á entender con los pinceles, significando las cosas materiales con sus propias imágenes, y lo demas, con números y señales significativas, en tal disposicion que el número, la letra y la figura formaban concepto, y daban entera la razon. Primoroso artificio, de que se infiere su capacidad, semejante á los geroglíficos que practicaron los egipcios ; siendo en ellos ostentacion del ingenio lo que en estos indios estilo familiar : de que usaron con tanta destreza y felicidad los mejicanos, que tenian libros enteros de este género de caractéres y figuras legibles, en que conservaban la memoria de sus antigüedades, y daban á la posteridad los anales de sus reyes.

Llegó á noticia de Cortés la obra en que se ocupaban estos pintores, y salió á verlos, no sin alguna admiracion de su habilidad ; pero advertido de que se iba dibujando en aquellos lienzos la consulta que Teutile formaba para que supiese Motezuma su proposicion, y las fuerzas con que se hallaba para mantenerla, reparó, con la viveza de su ingenio, en que estaban con poca accion y movimiento aquellas imágenes mudas, para que se entendiese por ellas el valor de sus soldados : y así resolvió ponerlos en ejercicio, para dar mayor actividad ó reuresentacion á la pintura.

Mandó con este fin que se tomasen las armas : puso en escuadron toda su gente : hizo que se previniese la artillería; y diciendo á Teutile y á Pilpatoe que los queria festejar á la usanza de su tierra, montó á caballo con sus capitanes. Corriéronse primero algunas parejas, y despues se formó una escaramuza con sus ademanes de guerra; en cuya novedad estuvieron los indios como embelesados y fuera de sí : porque reparando en la ferocidad obediente de aquellos brutos, pasaban á considerar algo mas que natural en los hombres que los manejaban. Respondieron luego á una seña de Cortés los arcabuces, y poco despues la artillería : creciendo, al paso que se repetia y se aumentaba el estruendo, la turbacion y el asombro de aquella gente, con tan varios efectos, que unos se dejaron caer en tierra, otros empezaron á huir, y los mas advertidos afectaban la admiracion, para disimular el miedo.

Asegurólos Hernan Cortés, dándoles á entender que entre los españoles eran así las fiestas militares, como quien deseaba hacer formidables las veras con el horror de los entretenimientos : y se reconoció luego que los pintores andaban inventando nuevas efigies y caractéres con que suplir lo que faltaba en sus lienzos. Dibujaban unos la gente armada y puesta en escuadron : otros los caballos en su ejercicio y movimiento : figuraban con la llama y el humo el oficio de la artillería, y pintaban hasta el estruendo con la semejanza del rayo; sin omitir alguna de aquellas circunstancias espantosas que hablaban mas derechamente con el cuidado de su rey.

Présents de Montézuma. — Opinions diverses de l'armée sur la hardiesse de son entreprise d'après ces présents.

Venian diferentes ropas de algodon, tan delgadas y bien tejidas, que necesitaban del tacto para diferenciarse de la seda, cantidad de penachos, y otras curiosidades de pluma, cuya hermosa y natural variedad de colores, buscados en las aves esquisitas que produce aquella tierra, sobreponian y mezclaban con admirable prolijidad, distribuyendo los matices y sirviéndose del claro y oscuro tan acertadamente, que sin necesitar de los colores artificiales, ni valerse del pincel, llegaban á formar pintura, y se atrovian á la imitacion del natural. Sacaron despues muchas armas, arcos, flechas y rodelas de maderas estraordinarias : dos láminas muy grandes de hechura circular, la una de oro, que mostraba entre sus relieves la imágen del sol; y la otra de plata, en que venia figurada la luna: y últimamente cantidad considerable de joyas y piezas de oro con alguna pedrería, collares, sortijas y pendientes á su modo, y otros adornos de mayor peso en figuras de aves y animales, tan primorosamente labrados que, á vista del precio, se dejaba reparar el artificio.

Admiró á todos los españoles el presente de Motezuma; pero no todos hicieron igual concepto de aquellas opulencias; ántes discurrian con variedad, y porfiaban entre sí, no sin presuncion de lo que discurrian. Unos entraban en esperanzas de mejor fortuna, prometiéndose grandes progresos de tan favorables principios : otros ponderaban la grandeza del presente, para colegir de ella el poder de Motezuma, y pasar con el discurso á la dificultad de la empresa. Muchos acusaban absolutamente como temeridad el intentar con tan poca gente obra tan grande : y los mas defendian el valor y la constancia de su capitan, dando por hecha la conquista, y entendiendo cada uno aquella prosperidad segun el afecto que predominaba en su ánimo : porfías y corrillos de soldados, donde se conoce mejor que en otras partes lo que puede el corazon con el entendimiento.

Situation géographique de l'Empire mexicain. — Son étendue, son origine et ses développements.

Hallábase entónces en su mayor aumento el imperio de Méjico, cuyo dominio reconocian casi todas las provincias y regiones que se habian descubierto en la América setentrional, gobernadas entónces por él, y por otros régulos ó caciques tributarios suyos. Corria su longitud de oriente á poniente mas de quinientas leguas; y su latitud de norte á sur llegaba por algunas partes á doscientas : tierra poblada, rica y abundante. Por el oriente partia sus límites con el mar Atlántico, que hoy se llama del Norte, y discurria sobre sus aguas aquel largo espacio que hay desde Panuco á Yucatan. Por el occidente tocaba con el otro mar, registrando el océano Asiático (ó sea el golfo de Anian) desde el cabo Mendozino hasta los estremos de la Nueva Galicia. Por la parte del mediodia se dilataba mas, corriendo sobre el mar del Sur desde Acapulco á Guatemala : y llegaba á introducirse por Nicaragua en aquel istmo, ó estrecho de tierra, que divide y engarza las dos Américas. Por la banda del norte se alargaba hácia la parte de Panuco hasta comprender aquella provincia ; pero se dejaba estrechar considerablemente de los montes ó serranías que ocupaban los Chichimecas y Otomies, gente bárbara, sin república ni policía, que habitaba en las cavernas de la tierra, ó en las quiebras de los peñascos, sustentándose de la caza y frutas de árboles silvestres ; pero tan diestros en el uso de sus flechas, y en servirse de las asperezas y ventajas de la montaña, que resistieron varias veces á todo el poder mejicano : enemigos de la sujecion, que se contentaban con no dejarse vencer, y aspiraban solo á conservar entre las fieras su libertad.

Creció este imperio de humildes principios á tan desmesurada grandeza en poco mas de ciento y treinta años ; porque los mejicanos, nacion belicosa por naturaleza, se fueron haciendo lugar con las armas entre las demas naciones que poblaban aquella parte del mundo. Obedecieron primero á un capitan valeroso que los hizo soldados, y les dió á conocer la gloria militar : despues eligieron rey, dando el supremo dominio al que tenia mayor crédito de valiente : porque no conocian otra virtud que la fortaleza ; y si conocian otras, eran inferiores en su estimacion. Observaron siempre esta costumbre de elegir por su rey al mayor soldado, sin atender á la sucesion ; aunque en igualdad de hazañas preferian la sangre real :

y la guerra, que hacia los reyes, iba poco á poco ensanchando la monarquía. Tuvieron al principio de su parte la justicia de las armas, porque la opresion de sus confinantes los puso en términos de inculpable defensa, y el cielo favoreció su causa con los primeros sucesos; pero creciendo despues el poder, perdió la razon, y se hizo tiranía.

Montézuma. — Sa personne. — Sa politique.

Fué el undécimo de ellos, segun lo pintan sus anales, Motezuma, segundo de este nombre, varon señalado y venerable entre los mejicanos, aun ántes de reinar.

Era de la sangre real, y en su juventud siguió la guerra, donde se acreditó de valeroso y esforzado capitan con diferentes hazañas, que le dieron grande opinion. Volvió á la córte algo elevado con estas lisonjas de la fama : y viéndose aplaudido y estimado como el primero de su nacion, entró en esperanzas de empuñar el cetro en la primera eleccion : tratándose en lo interior de su ánimo, como quien empezaba á coronarse con los pensamientos de la corona.

Puso luego toda su felicidad en ir ganando voluntades, á cuyo fin se sirvió de algunas artes de la política : ciencia que no todas veces se desdeña de andar entre los bárbaros, y que ántes suele hacerlos, cuando la razon que llaman de estado se apodera de la razon natural. Afectaba grande obediencia y veneracion á su rey, y estraordinaria modestia y compostura en sus acciones y palabras, cuidando tanto de la gravedad y entereza del semblante, que solian decir los indios que le venia bien el nombre de Motezuma, que en su lengua significa *príncipe sañudo*; aunque procuraba templar esta severidad, forzando el agrado con la liberalidad.

Acreditábase tambien de muy observante en el culto de su religion : poderoso medio para cautivar á los que se gobiernan por lo esterior : y con este fin labró en el templo mas frecuentado un apartamiento á manera de tribuna, donde se recogia muy á la vista de todos, y se estaba muchas horas entregado á la devocion de la aura popular, ó colocando entre sus dioses el ídolo de su ambicion.

Hízose tan venerable con este género de esterioridades, que cuando llegó el caso de morir el rey su antecesor, le dieron su voto sin controversia todos los electores, y le admitió el pueblo con grande aclamacion. Tuvo sus ademanes de resistencia, dejándose buscar para lo que deseaba, y dió su aceptacion con especies de repugnancia. Pero apénas ocupó la silla imperial, cuando cesó aquel artificio, en que traia violentado su natural, y se fueron conociendo los vicios que andaban encubiertos con nombre de virtudes.

La primera accion en que manifestó su altivez, fué despedir toda la familia real, que hasta él se componia de gente mediana y plebeya : y con pretesto de mayor decencia se hizo servir de los nobles, hasta en los ministerios ménos decentes de su casa. Dejábase ver pocas veces de sus vasallos, y solamente lo muy necesario de sus ministros y criados, tomando el retiro y la melancolía como parte de la magestad. Para los que conseguian el llegar á su presencia inventó nuevas reverencias y ceremonias, estendiendo el respeto hasta los confines de la adoracion. Persuadióse á que podia mandar en la libertad y en la vida de sus vasallos, y ejecutó grandes crueldades, para persuadirlo á los demas.

Impuso nuevos tributos sin pública necesidad, que se repartian por cabezas entre aquella inmensidad de súbditos; y con tanto rigor, que hasta los pobres mendigos reconocien miserablemente el vasallage, trayendo á sus crarios algunas cosas viles, que se recibian, y se arrojaban en su presencia.

Consiguió con estas violencias que lo temiesen sus pueblos; pero como suelen andar juntos el temor y el aborrecimiento, se le rebelaron algunas provincias : á cuya sujecion salió personalmente, por ser tan celoso de su autoridad, que se ajustaba mal á que mandase otro en sus ejércitos; aunque no se le puede negar que tenia inclinacion y espíritu militar. Solo resistieron á su poder, y se mantuvieron en su rebeldía las provincias de Mechoacan, Tlascala y Tepeaca : y solia decir él que no las sojuzgaba, porque habia menester aquellos enemigos para proveerse de cautivos que aplicar á los sacrificios de sus dioses : tirano hasta en lo que sufria, ó en lo que dejaba de castigar.

Habia reinado catorce años, cuando llegó á sus costas Hernan Cortés; y el último de ellos fué todo presagios y portentos de grande horror y admiracion, ordenados ó permitidos por el cielo para quebrantar aquellos ánimos feroces, y hacer ménos imposible á los españoles aquella grande obra, que con medios tan desiguales iba disponiendo y encaminando su providencia.

Prodiges qui se manifestèrent à l'arrivée des Espagnols au Mexique.

Luego que se tuvo en Méjico noticia de los españoles, empezaron á verse en aquella tierra diferentes prodigios y señales de grande asombro, que pusieron á Motezuma en una como certidumbre de que se acercaba la ruina de su imperio, y á todos sus vasallos en igual confusion y desaliento.

Duró muchos dias un cometa espantoso de forma piramidal, que descubriéndose á la media noche, caminaba lentamente hasta lo mas alto del cielo, donde se deshacia con la presencia del sol.

Vióse despues en medio del dia salir por el poniente otro cometa ó exhalacion á manera de una serpiente de fuego con tres cabezas, que corria velocísimamente, hasta desaparecer por el horizonte contrapuesto, arrojando infinidad de centellas, que desvanecian en el aire.

La gran laguna de Méjico rompió sus márgenes, y salió impetuosamente á inundar la tierra, llevándose tras sí algunos edificios, con un género de ondas que parecian hervores; sin que hubiese avenida ó temporal á que atribuir este movimiento de las aguas. Encendióse de sí mismo uno de sus templos; y sin que se hallase el origen ó la causa del incendio, ni medio con que apagarle, se vieron arder hasta las piedras, y quedó todo reducido á poco mas que ceniza. Oyéronse en el aire por diferentes partes voces lastimosas, que pronosticaban el fin de aquella monarquía : y sonaba repetidamente el mismo vaticinio en las respuestas de los ídolos, pronunciando en ellos el demonio lo que pudo conjeturar de las causas naturales que andaban movidas; ó lo que entenderia quizá del autor de la naturaleza que algunas veces le atormenta con hacerle instrumento de la verdad. Trujéronse á la presencia del rey diferentes mónstruos de horrible y nunca vista deformidad, que á su parecer contenian significacion, y denotaban grandes infortunios : y si se llamaron mónstruos de lo que demuestran, como lo creyó la antigüedad que los puso este nombre, no era mucho que se tuviesen por presagios entre aquella gente bárbara, donde andaban juntas la ignorancia y la superstcion.

Dos casos muy notables refieren las historias, que acabaron de turbar el ánimo de Motezuma : Cogieron unos pescadores cerca de la laguna de Méjico un pájaro monstruoso, de estraordinaria hechura y tamaño : y dando estimacion á la novedad, se le presentaron al rey. Era horrible su deformidad, y tenia sobra la cabeza una lámina resplandeciente á manera de espejo, donde reverberaba el sol con un género de luz maligna y melancólica. Reparó en ella Motezuma : y acercándose á reconocerla mejor, vió dentro una representacion de la noche, entre cuya oscuridad se descubrian algunos espacios de cielo estrellado, tan distintamente figurados, que volvió los ojos al sol, como quien no acababa de creer el dia : y al ponerlos segunda vez en el espejo, halló en lugar de la noche

otro mayor asombro : porque se le ofreció á la vista un
ejército de gente armada, que venia de la parte del oriente
haciendo grande estrago en los de su nacion. Llamó á sus
agoreros y sacerdotes para consultarles este prodigio : y
el ave estuvo inmóvil, hasta que muchos de ellos hicieron la misma esperiencia; pero luego se les fué, ó se les
dehizo entre las manos, dejándoles otro agüero en el
asombro de la fuga.

Vision d'un laboureur.

Pocos dias despues vino al palacio un labrador, tenido
en opinion de hombre sencillo, que solicitó con porfiadas
y misteriosas instancias la audiencia del rey. Fué introducido á su presencia despues de varias consultas : y hechas sus humillaciones sin género de turbacion ni encogi-
miento, le dijo en su idioma rústico, pero con un
género de libertad y elocuencia que daba á entender
algun furor mas que natural, ó que no eran suyas sus palabras : « Ayer tarde, señor, estando en mi heredad ocupado en el beneficio de la tierra, vi un águila de estraordinaria grandeza, que se abatió impetuosamente sobre
mí : y arrebatándome entre sus garras, me llevó largo
trecho por el aire, hasta ponerme cerca de una gruta espaciosa, donde estaba un hombre con vestiduras reales
durmiendo entre diversas flores y perfumes con un pebete
encendido en la mano. Acerquéme algo mas, y vi una imágen tuya, ó fuese tu misma persona, que no sabré afir-
marlo; aunque á mi parecer tenia libres los sentidos.
Quiso retirarme atemorizado y respectivo; pero una voz
imperiosa me detuvo, y me sobresaltó de nuevo, man-
dándome que le quitase el pebete de la mano, y le apli-
case á una parte del muslo que tenias descubierta. Rehusé
cuanto pude el cometer semejante maldad; pero la misma
voz con horrible superioridad me violentó á que obede-
ciese. Yo mismo, señor, sin poder resistir, hecho entónces

del temor el atrevimiento, te apliqué el pebete encendido sobre el muslo, y tú sufriste el cauterio sin despertar ni hacer movimiento. Creyera que estabas muerto, si no se diera á conocer la vida en la misma quietud de tu respiracion, declarándose el sosiego en falta de sentido. Y luego me dijo aquella voz, que al parecer se formaba en el viento : Así duerme tu rey entregado á sus delicias y vanidades, cuando tiene sobre sí el enojo de los dioses, y tantos enemigos, que vienen de la otra parte del mundo á destruir su monarquía y su religion. Dirásle que despierte á remediar, si puede, las miserias y calamidades que le amenazan. Y apénas pronunció esta razon, que traigo impresa en la memoria, cuando me prendió el águila entre sus garras, y me puso en mi heredad sin ofenderme. Yo cumplo así lo que me ordenan los dioses. Despierta, señor, que los tiene irritados tu soberbia y tu crueldad. Despierta digo otra vez, ó mira cómo duermes : pues no te recuerdan los cauterios de tu conciencia; ni ya puedes ignorar que los clamores de tus pueblos llegaron al cielo primero que á sus oídos. »

Estas ó semejantes palabras dijo el villano, ó el espíritu que hablaba en él; y volvió las espaldas con tanto denuedo que nadie se atrevió á detenerle. Iba Motezuma, con el primer movimiento de su ferocidad, á mandar que le matasen, y le detuvo un nuevo dolor que sintió en el muslo, donde halló, y reconocieron todos estampada la señal del fuego, cuya pavorosa demostracion le dejó atemorizado y discursivo; pero con resolucion de castigar al villano, sacrificándole á la placacion de sus dioses. Avisos ó amonestaciones motivadas por el demonio, que traian consigo el vicio de su orígen, sirviendo mas á la ira y á la obstinacion, que al conocimiento de la culpa.

Des murmures se font entendre dans l'armée de Fernand Cortés.
Il répond aux mécontents.

De cuya murmuracion se valieron para levantar la

voz algunos parciales de Diego Velazquez, diciendo con ménos recato en las conversaciones : « Que Hernan Cortés queria perderlos, y pasar con su ambicion adonde no alcanzaban sus fuerzas : que nadie podria escusar de temeridad el intento de mantenerse con tan poca gente en los dominos de un príncipe tan poderoso : y que ya era necesario que clamasen todos sobre volver á la isla de Cuba, para que se rehiciesen la armada y el ejército, y se tomase aquella empresa con mayor fundamento. »

Entendiólo Hernan Cortés, y valiéndose de sus amigos y confidentes, procuró examinar de qué opinion estaba el resto principal de su gente; y halló que tenia de su parte á los mas y á los mejores : sobre cuya seguridad se dejó hallar de los malcontentos. Hablóle en nombre de todos Diego de Ordaz ; y no sin alguna destemplanza, en que se dejaba conocer su pasion, le dijo : « Que la gente del ejército estaba sumamente desconsolada, y en términos de romper el freno de la obediencia; porque había llegado á entender que se trataba de proseguir aquella empresa : y que no se le podia negar la razon ; porque ni el número de los soldados, ni el estado de los bajeles, ni los bastimentos de reserva, ni las demas prevenciones tenian proporcion con el intento de conquistar un imperio tan dilatado y tan poderoso : que nadie estaba tan mal consigo, que se quisiese perder por capricho ageno : y que ya era menester que tratase de dar la vuelta á la isla de Cuba, para que Diego Velazquez, reforzase su armada, y tomase aquel empeño con mejor acuerdo y con mayores fuerzas. »

Oyólo Hernan Cortés sin darse por ofendido, como pudiera, de la proposicion y del estilo de ella; ántes le respondió, sosegada la voz y el semblante : « Que estimaba su advertencia, porque no sabia la desazon de las soldados; ántes creia que estaban contentos y animosos : porque en aquella jornada no se podian quejar de la fortuna, si no los tenia cansados la felicidad; pues un viaje tan sin zozobras, lisonjeado del mar y de los vientos, unos suce-

sos como los pudo fingir el deseo, tan conocidos favores
del cielo en Cozumel, una victoria en Tabasco, y en
aquella tierra tanto regalo y prosperidad, no eran ante-
cedentes de que se debia inferir semejante desaliento : ni
era de mucho garbo el desistir ántes de ver la cara dél
peligro, particularmente cuando las dificultades solian
parecer mayores desde léjos, y deshacerse luego en las
manos los encarecimientos de la imaginacion. Pero que
si la gente estaba ya tan desconfiada y temerosa como decia, seria locura fiarse de ella para una empresa tan dificultosa : y que asi trataria luego de tomar la vuelta de la
isla de Cuba, como se lo proponian, confesando que no
le hacia tanta fuerza el ver esta opinion en el vulgo de los
soldados, como el hallarla asegurada en el consejo de sus
amigos. » Con estas y otras palabras de este género de-
sarmó por entónces la intencion de aquellos parciales inquietos, sin dejarles que desear hasta que llegase el tiempo
de su desengaño : y con esta disimulacion artificiosa,
primor algunas veces permitido á la prudencia, dió á entender que cedia para dar mayores fuerzas á su resolucion.

Le discours de Cortés agit comme il l'avait espéré sur l'esprit de
ses soldats. — Ceux qui étaient prévenus réclament contre
l'ordre de départ qu'il avait donné pour Cuba, et lui adressent
les représentations suivantes :

« Que el ejército estaba en términos de amotinarse sobre aquella novedad : quejáronse, ó hicieron que se que-
jaban de que hubiese tomado semejante resolucion sin el
consejo de sus capitanes : ponderábanle como desaire in-
digno de españoles el dejar aquella empresa en los primeros rumores de la dificultad, y el volver las espaldas
ántes de sacar la espada. Traíanle á la memoria lo que
sucedió á Juan de Grijalva, pues todo el enojo de Diego
Velazquez fué porque no hizo alguna poblacion en la
tierra que descubrió, y se mantuvo en ella; por cuya re-

solucion le trató de pusilánime, y le quitó el gobierno de la armada. » Y últimamente le dijeron lo que él mismo habia dictado; y él lo escuchó como noticia en que hallaba novedad : y dejándose rogar y persuadir, hizo lo que deseaba, y dió á entender que se reducia. Respondióles : « Que estaba mal informado ; porque algunos de los mas interesados en el acierto de aquella faccion (y no los nombró por dar mayor misterio á su razon) lo habian asegurado que toda la gente clamaba desconsoladamente sobre dejar aquella tierra, y volverse á la isla de Cuba : y que de la misma suerte que tomó aquella resolucion contra su dictámen, por complacer á sus soldados, se quedaria con mayor satisfaccion suya, cuando los hallaba en opinion mas conveniente al servicio de su rey y á la obligacion de buenos españoles ; pero que tuviesen entendido que no queria soldados sin voluntad, ni era la guerra ejercicio de forzados : que cualquiera que tuviese por bien el retirarse á la isla de Cuba, podria ejecutarlo sin embarazo : y que desde luego mandaria prevenir embarcacion y bastimentos para el viaje de todos los que no se ajustasen á seguir voluntariamente su fortuna. » Tuvo grande aplauso esta resolucion : oyóse aclamado el nombre de Cortés : llenóse el aire de voces y de sombreros, al modo que suelen esplicar su contento los soldados : unos se alegraban porque lo sentian así ; y otros, por no diferenciarse de los que sentian lo mejor. Ninguno se atrevió por entónces á contradecir la poblacion ; ni los mismos que tomaron la voz de los malcontentos acertaban á volver por sí : pero Hernan Cortés oyó sus disculpas sin apurarlas, y guardó su queja para mejor ocasión.

Le cacique de Zempoala lui envoie cinq députés.

Sucedió á este tiempo, que estando de centinela en una de las avenidas Bernal Diaz del Castillo y otro soldado, vieron asomar por el parage mas vecino á la playa cinco indios que venian caminando hácia el cuartel : y pareciéndoles poco número para poner en arma al ejército, los dejaron acercar. Detuviéronse á poca distancia, y dieron á entender con las señas que venian de paz, y que traian embajada para el general de aquel ejército. Llevólos consigo Bernal Diaz, dejando á su compañero en el mismo sitio, para que cuidase de observar si los seguian algunas tropas. Recibiólos Hernan Cortés con toda gratitud ; y mandando que los regalasen ántes de oirlos, reparó en que parecian de otra nacion, porque se diferenciaban de los mejicanos en el trage; aunque traian como ellos penetradas las orejas y el labio inferior de gruesos zarcillos y pendientes, que aun siendo de oro, los afeaban. La lengua tambien sonaba con otro género de pronunciacion : hasta que viniendo Aguilar y doña Marina, se conoció que hablaban en idioma diferente, y se tuvo á dicha que uno de ellos entendiese y pronunciase dificultosamente la lengua mejicana : por cuyo medio, no sin algun embarazo, se averiguó que los enviaba el señor de Zempoala, provincia poco distante, para que visitasen de su parte al caudillo de aquella gente valerosa ; porque habian llegado á sus oidos las maravillas que obraron sus armas en la provincia de Tabasco ; y por ser príncipe guerrero, y amigo de hombres valerosos, deseaba su amistad : ponderando mucho la estimacion que hacia su dueño de los grandes soldados, como quien procuraba que no se atribuyese al miedo lo que tenia mejor sonido en la inclinacion.

Fernand Cortés, dans la première réunion des administrateurs de la Vera Cruz, renonce au titre de capitaine-général.

«Ya, señores, por la misericordia de Dios, tenemos en este consistorio representada la persona de nuestro rey, á quien debemos descubrir nuestros corazones, y decir sin artificio la verdad, que es el vasallage en que mas lo reconocemos los hombres de bien. Yo vengo á vuestra presencia, como si llegara á la suya, sin otro fin que el de su servicio, en cuyo celo me permitireis la ambicion de no confesarme vuestro inferior. Discurriendo estais en los medios de establecer esta nueva república, dichosa ya en estar pendiente de vuestra direccion. No será fuera de propósito que oigais de mí lo que tengo premeditado y resuelto, para que no camineis sobre algun presupuesto ménos seguro, cuya falta os obligue á nuevo discurso y nueva resolucion. Esta villa, que empieza hoy á crecer al abrigo de vuestro gobierno, se ha fundado en tierra no conocida y de grande poblacion : donde se han visto ya señales de resistencia, bastantes para creer que nos hallamos en una empresa dificultosa, donde necesitaremos igualmente del consejo y de las manos; y donde muchas veces habrá de proseguir la fuerza lo que empezare y no consiguiere la prudencia. No es tiempo de máximas políticas, ni de consejos desarmados. Vuestro primer cuidado debe atender á la conservacion de ese ejército que os sirve de muralla : y mi primera obligacion es advertiros que no está hoy como debe, para fiarle nuestra seguridad y nuestras esperanzas. Bien sabeis que yo gobierno el ejército sin otro título que un nombramiento de Diego Velazquez, que fué con poca intermision escrito y revocado. Dejo aparte la sinrazon de su desconfianza, por ser de otro propósito ; pero no puedo negar que la jurisdiccion militar, de que tanto necesitamos, se conserva hoy en mí contra la voluntad de su dueño, y se funda en un título violento que trae consigo mal disimulada la flaqueza de su orígen. No ignoran este defecto los soldados; ni yo tengo tan humilde el espíritu, que quiera mandarlos con autoridad escrupulosa, ni es el empeño en que nos hallamos para entrar en él con un ejército que se mantiene mas en la costumbre de obedecer que en la razon de la obediencia. A vosotros, señores, toca el remedio de este inconveniente : y el ayuntamiento, en quien reside hoy la representacion de nuestro rey, puede en su real nombre proveer el gobierno de sus armas, eligiendo persona en quien no concurran estas nulidades. Muchos sujetos hay en el ejército capaces de esta ocupacion ; y en cualquiera que tenga otro género de autoridad, ó que la reciba de vuestra mano, estará mejor empleada. Yo desisto desde luego del derecho que pudo comunicarme la posesion, y renuncio en vuestras manos el título que me puso en ella, para que discurrais con todo el arbitrio en vuestra eleccion, y pueda aseguraros que toda mi ambicion se reduce al acierto de nuestra empresa, y que sabré sin violentarme acomodar la pica en la mano que deja el baston : que si en la guerra se aprende el mandar obedeciendo, tambien hay casos en que el haber mandado enseña á obedecer. »

Entrée des Espagnols à Zempoala; description de cette ville.

Era el lugar de grande poblacion y de hermosa vista, situado entre dos rios que fertilizaban la campaña, bajando de lo alto de unas sierras poco distantes, de frondosa y apacible aspereza. Los edificios eran de piedra, cubiertos ó adornados con un género de cal muy blanca y resplandeciente, de agradables y suntuosos léjos : tanto que uno de los batidores que iban delante volvió aceleradamente diciendo á voces que las paredes eran de plata : de cuyo engaño se hizo grande fiesta en el ejército ; y pudo ser que lo creyesen entónces los que despues se burlaban de su credulidad.

Estaban las plazas y las calles ocupadas de innumerable pueblo que concurrió á ver la entrada, sin armas que pudiesen dar cuidado, ni otro rumor que el de la muchedumbre. Salió el cacique á la puerta de su palacio : y era su impedimento una gordura monstruosa que le oprimia y le desfiguraba. Fuése acercando con dificultad, apoyado en los brazos de algunos indios nobles, que, al parecer, le daban todo el movimiento. Su trage, sobre cuerpo des-

nudó una manta de fino algodon, enriquecida con varias
joyas y pendientes, de que traia tambien empedradas las
orejas y los labios. Príncipe de rara hechura, en quien
hacian notable consonancia el peso y la gravedad. Fué necesario que Cortés detuviese la risa de los soldados; y
porque tenia que reprimir en sí, dió la órden con forzada
severidad; pero luego que empezó el cacique su razonamiento, recibiendo con los brazos á Cortés, y agasajando
á los demas capitanes, dió á conocer su buena razon, y
ganó por el oido la estimacion de los ojos. Habló concerta-
damente, y cortó la plática de los cumplimientos con des-
pejo y discrecion, diciendo á Cortés que se retirase á
descansar del camino, y alojar su gente : que despues le
visitaria en su cuartel, para que hablasen mas de espacio
en los intereses comunes.

Ambassade de Montézuma à Cortés devant la Vera Cruz. Réponse de Cortés.

Llegó esta embajada cuando se andaba perficionando
la nueva poblacion y fortaleza de la Vera Cruz. Vinieron
con ella dos mancebos de poca edad, sobrinos de Motezuma, asistidos de cuatro caciques ancianos que los en-
caminaban como consejeros, y los autorizaban con su respeto. Era lucido el acompañamiento, y traian un regalo
de oro, pluma y algodon, que valdria dos mil pesos. El
razonamiento de los embajadores fué : « Que el grande
emperador Motezuma, habiendo entendido la inobediencia de aquellos caciques, y el atrevimiento de prender y
maltratar á sus ministros, tenia provenido un ejército poderoso para venir personalmente á castigarlos ; y lo habia suspendido por no hallarse obligado á romper con los
españoles, cuya amistad deseaba, y á cuyo capitan debia
estimar y agradecer la atencion de enviarle aquellos dos
criados suyos, sácandolos de prision tan rigurosa. Pero
que despues de quedar con toda confianza de que obraria

lo mismo en la libertad de sus compañeros, no podia dejar de quejarse amigablemente de que un hombre tan valeroso y tan puesto en razon se acomodase á vivir entre sus rebeldes, haciéndolos mas insolentes con la sombra de sus armas, y siendo poco ménos que aprobar la traicion el dar atrevimiento á los traidores : por cuya consideracion le pedia que se apartase luego de aquella tierra, para que pudiese entrar en ella su castigo sin ofensa de su amistad y con el mismo buen corazon le amonestaba que no tratase de pasar á su córte, por sér esta la particular advertencia de su instruccion.

Hernan Cortés recibió la embajada y el regalo con respeto y estimacion : y, ántes de dar su respuesta, mandó que entrasen los cuatro ministros presos, que hizo traer de la armada prevenidamente ; y captando la benevolencia de los embajadores con la accion de entregárselos bien tratados y agradecidos, les dijo en sustancia : « Que el error de los caciques de Zempoala y Quiabislan quedaba enmendado con la restitucion de aquellos ministros, y él muy gustoso de acreditar con ella su atencion, y dar á Motezuma esta primera señal de su obediencia. Que no dejaba de conocer y confesar el atrevimiento de la prision; aunque pudiera disculparle con el esceso de los mismos ministros, pues no contentos con los tributos debidos á su corona, pedian con propia autoridad veinte indios de muerte para sus sacrificios: dura proposicion, y abuso que no podian tolerar los españoles, por ser hijos de otra religion mas amiga de la piedad y de la naturaleza. Que él se hallaba obligado de aquellos caciques, porque le admitieron y albergaron en sus tierras, cuando sus gobernadores Teutile y Pilpatoe le abandonaron desabridamente, faltando á la hospitalidad y al derecho de las gentes: accion que se obraria sin su órden, y le seria desagradable; ó por lo ménos él lo debia entender así : porque mirando á la paz deseaba enflaquecer la razon de su queja. Que aquella tierra ni la serranía de los Totonaques no se moverian en deservicio suyo, ni él se lo permitiria, porque los caciques estaban á su devocion, y no saldrian de sus órdenes : por cuyo motivo se hallaba en obligacion de interceder por ellos para que se les perdonase la resistencia que hicieron á sus ministros, por la accion de haber admitido y alojado su ejército. Y que en lo demas, solo podia responder, que cuando consiguiese la dicha de acercarse á sus pies, se conoceria la importancia de su embajada, sin que le hiciesen fuerza los estorbos y peligros que le representaban : porque los españoles no conocian al temor ; ántes se azoraban y encendian con los impedimentos, como enseñados á grandes peligros, y hechos á buscar la gloria entre las dificultades. »

Con esta breve y resuelta oracion (en que se debe notar la constancia de Hernan Cortés, y el arte con que procuraba dar estimacion á sus intentos) respondió á los embajadores, que partieron muy agasajados, y ricos de bujerías castellanas, llevando para su rey, en forma de presente, otra magnificencia del mismo género.

Fernand Cortés, établi à la Vera Cruz, envoie des commissaires au roi pour lui apprendre le résultat de l'expédition. — Une nouvelle sédition éclate. — Il la réprime par un châtiment exemplaire. — Pensées qui agitent son âme et moyens qu'il prend. — Il détruit ses vaisseaux.

El dia que se ejecutó la sentencia se fué Cortés con algunos de sus amigos á Zempoala, donde le asaltaron varios pensamientos. Púsole en gran cuidado el atrevimiento de estos soldados : mirabálo como resulta de las inquietudes pasadas, y como centella de incendio mal apagado ; llegaba ya el caso de pasar adelante con su ejército, y era muy probable la necesidad de medir sus fuerzas con las de Motezuma : obra desigual para intentada con gente desunida y sospechosa. Discurria en mantenerse algunos dias entre aquellos caciques amigos : en divertir su ejército á menores empresas : en hacer nuevas poblaciones que se diesen la mano con la Vera Cruz;

pero en todo hallaba inconvenientes; y de esta misma turbacion de su espíritu nació una de las acciones en que mas se reconoce la grandeza de su ánimo. Resolvióse á deshacer la armada y romper todos los bajeles, para acabar de asegurarse de sus soldados, y quedarse con ellos á morir ó vencer; en cuyo dictámen hallaba tambien la conveniencia de aumentar el ejército con mas de cien hombres, que se ocupaban en el ejercicio de pilotos y marineros. Comunicó esta resolucion á sus confidentes, y por su medio se dispuso, con algunas dádivas, y con el secreto conveniente, que los mismos marineros publicasen á una voz que las naves se iban á pique sin remedio, con el descalabro que habian padecido en la demora y mala calidad de aquel puerto : sobre cuya deposicion cayó, como providencia necesaria, la órden que les dió Cortés, para que sacando á tierra el velámen, jarcias y tablazon que podia ser de servicio, diesen al traves con los buques mayores, reservando solamente los esquifes para el uso de la pesca. Resolucion dignamente ponderada por una de las mayores de esta conquista : y no sabemos si de su género se hallará mayor alguna en todo el campo de las historias.

De Agatócles refiere Justino, que desembarcando con su ejército en las costas de Africa, encendió los bajeles en que le condujo, para quitar á sus soldados el ausilio de la fuga.

Con igual osadía ilustra Policno la memoria de Timarco capitan de los Etolos; y Quinto Fabio Máximo nos dejó entre sus advertencias militares otro incendio semejante si creemos á la narracion de Frontino mas que al silencio de Plutarco. Pero no se disminuye alguna de estas hazañas en el ejemplo de las otras : y si consideramos á Hernan Cortés con ménos gente que todos, en tierra mas distante y ménos conocida, sin esperanza de humano socorro, entre unos bárbaros de costumbres tan feroces, y en la oposicion de un tirano tan soberbio y tan poderoso, hallaremos que fué mayor su empeño, y mas heróica su resolucion : ó concediendo á estos grandes capitanes la gloria de ser imitados, porque fueron primeros, dejaremos á Cortés la de haber hallado sobre sus mismas huellas el camino de escederlos.

Le cacique de Zocothlan revient visiter Cortés. Il lui énumère les ressources de Montézuma. — Réponse de Cortés.

El dia siguiente' repitió el cacique su visita, y vino á ella con mayor séquito de parientes y criados : llamábase Olinteth ; y era hombre de capacidad, señor de muchos pueblos, y venerado por el mayor entre sus comarcanos. Adornóse Cortés para recibirle de todas las esterioridades que acostumbraba : y fué notable esta sesion, porque despues de agasajarle mucho y satisfacer á la cortesía, sin faltar á la gravedad, le preguntó, creyendo hallar en él la misma queja que en los demas : *Si era súbdito del rey de Méjico.* A que respondió prontamente : *¿Pues hay alguno en la tierra que no sea vasallo y esclavo de Motezuma?* Pudiera embarazarse Cortés de que le respondiese con otra pregunta de tanto arrojamiento ; pero estuvo tan en sí que no sin alguna irrision le dijo : « Que sabia poco del mundo, pues él y aquellos compañeros suyos eran vasallos de otro rey tan poderoso, que tenia muchos súbditos ¡mayores príncipes que Motezuma. » No se alteró el cacique de esta proposicion ; ántes sin entrar en la disputa ni en la comparacion, pasó á referir las grandezas de su rey, como quien no queria esperar á que se las preguntasen, diciendo con mucha ponderacion : «Que Motezuma era el mayor príncipe que en aquel mundo se conocia : que no cabian en la memoria ni en el número las provincias de su dominio : que tenia su córte en una ciudad incontrastable, fundada en el agua sobre grandes lagunas : que la entrada era por algunos diques ó calzadas interrumpidas con puentes levadizos sobre diferentes aberturas por donde se comunicaban las aguas. Encareció mucho la inmensidad de sus riquezas, la fuerza de sus ejércitos, y sobre todo la infelicidad de los que no le obedecian : pues se llenaba con ellos el número de sus sacrificios, y morian todos los años mas de veinte mil hombres, enemigos ó rebeldes suyos, en las aras de sus dioses. » Era verdad lo que afirmaba ; pero la decia como encarecimiento, y se conocia en su voz la influencia de Motezuma, y que referia sus grandezas mas para causar espanto que admiracion.

Penetró Hernan Cortés lo interior de su razonamiento; y teniendo por necesario el brio para desarmar el aparato de aquellas ponderaciones, le respondió : « Que ya traia bastante noticia del imperio y grandezas de Motezuma, y que á ser menor príncipe, no viniera de tierras tan distantes á introducirle en la amistad de otro príncipe mayor. Que su embajada era pacifica, y aquellas armas que le acompañaban servian mas á la autoridad que á la fuerza : pero que tuviesen entendido él y todos los caciques de su imperio, que deseaba la paz, sin temer la guerra : porque el menor de sus soldados bastaria contra un ejército de su rey. Que nunca sacaria la espada sin justa provocacion ; pero que una vez desnuda, llevaré (dijo) á sangre y fuego cuanto se me pusiere delante : y me asistirá la naturaleza con sus prodigios, y el cielo con sus rayos ; pues vengo á defender su causa, desterrando vuestros vicios, los errores de vuestra religion, y esos mismos sacrificios de sangre humana que referis como grandeza de vuestro rey. » Y luego á sus soldados (disolviendo la visita) : « Esto, amigos, es lo que buscamos, grandes dificultades y grandes riquezas : de las unas se hace la fama, y de las otras, la fortuna. » Con cuya breve oracion dejó á los indios ménos orgullosos, y con nuevo aliento á los españoles : diciendo á unos y otros con poco artificio lo mismo que sentia ; porque desde el principio de esta empresa puso Dios en su corazon una seguridad tan estraordinaria, que sin despreciar ni dejar de conocer los peligros, entraba en ellos como si tuviera en la mano los sucesos.

Description de Tlascala. — Son gouvernement.

Era entónces Tlascala una provincia de numerosa poblacion, cuyo circuito pasaba de cincuenta leguas : tierra montuosa y desigual, compuesta de frecuentes collados, hijos, al parecer, de la montaña que se llama hoy la Gran Cordillera. Los pueblos, de fábrica ménos hermosa que durable, ocupaban las eminencias, donde tenian su habitacion, parte por aprovechar en su defensa las ventajas del terreno, y parte por dejar los llanos á la fertilidad de la tierra. Tuvieron reyes al principio, y duró su dominio algunos años, hasta que sobreviniendo unas guerras civiles, perdieron la inclinacion de obedecer; y sacudieron el yugo. Pero como el pueblo no se puede mantener por sí, enemigo de la sujecion, hasta que conoce los daños de la libertad, se redujeron á república, nombrando muchos príncipes para deshacerse de uno. Dividiéronse sus poblaciones en diferentes partidos ó cabeceras, y cada faccion nombraba uno de sus magnates que residiese en la córte de Tlascala, donde se formaba un senado, cuyas resoluciones obedecian. Notable género de aristocracia, que hallada entre la rudeza de aquella gente, deja ménos autorizados los documentos de nuestra política. Con esta forma de gobierno se mantuvieron largo tiempo contra los reyes de Méjico : y entónces se hallaban en su mayor pujanza, porque las tiranias de Motezuma aumentaban sus confederados : y ya estaban en su partido los Otomies, nacion bárbara entre los mismos bárbaros ; pero muy solicitada para una guerra, donde no sabian diferenciar la valentía de la ferocidad.

Insignes des ambassadeurs de Zempoala. — Les envoyés de Cortés sont reçus dans le Sénat de Tlascala. — Discours du premier d'entre eux.

Adornáronse luego los cuatro zempoales con sus insignias de embajadores : para cuya funcion se ponian sobre los hombros una manta ó beca de algodon, torcida y anudada por los estremos : en la mano derecha una saeta larga con las plumas en alto, y en el brazo izquierdo una rodela de concha. Conocíase por las plumas de la saeta el intento de la embajada, porque las rojas enunciaban la guerra, y las blancas denotaban la paz, al modo que los romanos distinguian con diferentes símbolos á sus feciales y caduceadores. Por estas señas eran conocidos y respetados en los tránsitos; pero no podian salir de los caminos reales de la provincia donde iban, porque si los hallaban fuera de ellos, perdian el fuero y la inmunidad : cuyas esenciones tenian por sacrosantas, observando religiosamente este género de fe pública que inventó la necesidad, y puso entre sus leyes el derecho de las gentes.

Con estas insignias de su ministerio entraron en Tlascala los cuatro enviados de Cortés : y conocidos por ellas se les dió su alojamiento en la Calpisca ; llamábase así la casa que tenian diputada para el recibimiento de los embajadores : y el dia siguiente se convocó el senado para oirlos en una sala grande del consistorio, donde se juntaban á sus conferencias. Estaban los senadores sentados por su antigüedad sobre unos taburetes bajos de maderas estraordinarias, hechos de una pieza, que llamaban yopales : y luego que se dejaron ver los embajadores, se levantaron un poco de sus asientos, y los agasajaron con moderada cortesía. Entraron ellos con las saetas levantadas en alto, y las becas sobre las cabezas, que entre sus ceremonias era la de mayor sumision : y hecho el acatamiento al senado, caminaron poco á poco hasta la mitad de la sala, donde se pusieron de rodillas, y sin levantar los ojos, esperaron á que se les diese licencia para hablar. Ordenóles el mas antiguo que dijesen á lo que venian : y tomando asiento sobre sus mismas piernas, dijo uno de ellos, á quien tocó la oracion por mas despejado.

« Noble república, valientes y poderosos Tlascaltecas,

el señor de Zempoala y los caciques de la serranía, vuestros amigos y confederados, os envian salud: y deseando la fertilidad de vuestras cosechas y la muerte de vuestros enemigos, os hacen saber que de las partes del oriente han llegado á su tierra unos hombres invencibles que parecen deidades, porque navegan sobre grandes palacios, y manejan los truenos y los rayos, armas reservadas al cielo : ministros de otro Dios superior á los nuestros, á quien ofenden las tiranías y los sacrificios de sangre humana. Que su capitan es embajador de un príncipe muy poderoso, que con impulso de su religion desea remediar los abusos de nuestra tierra, y las violencias de Motezuma : y habiendo redimido ya nuestras provincias de la opresion en que vivian, se halla obligado á seguir por vuestra república el camino de Méjico, y quiere saber en qué os tiene ofendidos aquel tirano, para tomar por suya vuestra causa, y ponerla entre las demas que justifican su demanda. Con esta noticia, pues, de sus designios, y con esta esperiencia de su benignidad, nos hemos adelantado á pediros y amonestaros de parte de nuestros caciques y toda su confederacion, que admitais á estos estrangeros como bienhechores y aliados de vuestros aliados. Y de parte de su capitan os hacemos saber que viene de paz, y solo pretende que le concedais el paso de vuestras tierras : teniendo entendido que desea vuestro bien, y que sus armas son instrumentos de la justicia y de la razon, que defienden la causa del cielo : benignas por su propia naturaleza, y solo rigurosas con el delito y la provocacion. » Dicho esto, se levantaron los cuatro sobre las rodillas, y haciendo una profunda humiliacion al senado, se volvieron á sentar como estaban para esperar la respuesta.

Magiscatzin, un des sénateurs tlascatéques des plus anciens et jouissant de la plus grande autorité, parle en faveur des Espagnols.

« Bien sabeis, nobles y valerosos Tlascaltecas, que fué revelado á nuestros sacerdotes en los primeros siglos de nuestra antigüedad, y se tiene hoy entre nosotros como punto de religion, que ha de venir á este mundo que habitamos una gente invencible de las regiones orientales con tanto dominio sobre los elementos, que fundará ciudades movibles sobre las aguas, sirviéndose del fuego y del aire para sujetar la tierra : y aunque entre la gente de juicio no se crea que han de ser dioses vivos, como lo entiende la rudeza del vulgo, nos dice la misma tradicion que serán unos hombres celestiales, tan valerosos que valdrá uno por mil, y tan benignos que tratarán solo de que vivamos segun razon y justicia. No puedo negaros que me ha puesto en gran cuidado lo que conforman estas señas con las de esos estrangeros que teneis en vuestra vecindad. Ellos vienen por el rumbo del oriente : sus armas son de fuego, casas marítimas sus embarcaciones : de su valentía ya os ha dicho la fama lo que obraron en Tabasco ; su benignidad ya la veis en el agradecimiento de vuestros mismos confederados : y si volvemos los ojos á esos cometas y señales del cielo, que repetidamente nos asombran, parece que nos hablan al cuidado, y vienen como avisos ó mensageros de esta gran novedad. Pues ¿ quién habrá tan atrevido y temerario, que si es esta la gente de nuestras profecías, quiera probar sus fuerzas con el cielo, y tratar como enemigos á los que traen por armas sus mismos decretos ? Yo por lo ménos temeria la indignacion de los dioses, que castigan rigurosamente á sus rebeldes, y con sus mismos rayos parece que nos están enseñando á obedecer ; pues habla con todos la amenaza del trueno, y solo se ve el estrago donde se conoció la resistencia. Pero yo quiero que se desestimen como

casuales estas evidencias, y que los estrangeros sean
hombres como nosotros : ¿ qué daño nos han hecho para
que tratemos de la venganza? ¿ Sobre qué injuria se ha
de fundar esta violencia? Tlascala, que mantiene su libertad con sus victorias, y sus victorias con la razon de sus
armas, ¿ moverá una guerra voluntaria que desacredite
su gobierno y su valor? Esta gente viene de paz ; su pretension es pasar por nuestra república : no lo intenta sin
nuestra permision : pues ¿ dónde está su delito ? ¿ dónde
nuestra provocacion? Llegan á nuestros umbrales fiados
en la sombra de nuestros amigos, ¿ y perderemos los
amigos por atropellar á los que desean nuestra amistad?
¿ Qué dirán de esta accion los demas confederados? ¿ Y
qué dirá la fama de nosotros, si quinientos hombres nos
obligan á tomar las armas? ¿ Ganaráse tanto en vencerlos, como se perderá en haberlos temido? Mi sentir es
que los admitamos con benignidad; y se les conceda el paso
que pretenden : si son hombres, porque está de su parte
la razon ; y si son algo mas, porque les basta para razon
la voluntad de los dioses. »

Discours du jeune général Jicotencal contre les Espagnols.

Tuvo grande aplauso el parecer de Magiscatzin, y todos
los votos se inclinaban á seguirle por aclamacion, cuando
pidió licencia para hablar uno de los senadores, que se
llamaba Jicotencal, mozo de grande espíritu, que por su
talento y hazañas ocupaba el puesto de general de las
armas : y conseguida la licencia, y poco despues el silencio : « No en todos los negocios, dijo, se debe á las ca-
nas la primera seguridad de los aciertos, mas inclinadas
al recelo que á la osadía, y mejores consejeras de la paciencia que del valor. Venero, como vosotros, la autoridad y el discurso de Magiscatzin ; pero no estrañaréis en
mi edad y en mi profesion otros dictámenes ménos desen-
gañados, y no sé si mejores : que cuando se habla de la

guerra, suele ser engañosa virtud la prudencia, porque
tiene de pasion todo aquello que se parece al miedo. Verdad es, que se esperan entre nosotros esos reformadores
orientales, cuya venida dura en el vaticinio, y tarda en el
desengaño. No es mi ánimo desvanecer esta voz que se ha
hecho venerable con el sufrimiento de los siglos; pero de-
jadme que os pregunte, ¿qué seguridad tenemos de que
sean nuestros prometidos estos estrangeros? ¿Es lo
mismo, caminar por el rumbo del oriente, que venir de las
regiones celestiales que consideramos donde nace el sol?
Las armas de fuego, y las grandes embarcaciones, que
llamais palacios marítimos, ¿no pueden ser obra de la
industria humana, que se admiran porque no se han visto? Y quizá serán ilusiones de algun encantamento, semejantes á los engaños de la vista, que llamanos ciencia
en nuestros agoreros. ¿Lo que obraron, en Tabasco fué
mas que romper un ejército superior? ¿Esto se pondera
en Tlascala como sobrenatural, donde se obran cada dia
con la fuerza ordinaria mayores hazañas? Y esa benignidad que han usado con los Zempoales, ¿no puede ser artificio para ganar á ménos costa los pueblos? Yo por lo
ménos la tendria por dulzura sospechosa de las que rega-
lan el paladar para introducir el veneno; porque no conforma con lo demas que sabemos de su codicia, soberbia
y ambicion. Estos hombres, si ya no son algunos mónstruos que arrojó la mar en nuestras costas, roban nuestros pueblos: viven al arbitrio de su antojo, sedientos
del oro y de la plata, y, dados á las delicias de la tierra,
desprecian nuestras leyes, intentan novedades peligrosas
en la justicia y en la religion, destruyen los templos, des-
pedazan las aras, blasfeman de los dioses: ¿y se les da
estimacion de celestiales? ¿y se duda la razon de nuestra
resistencia? ¿y se escucha sin escándalo el nombre de la
paz? Si los Zempoales y Totonaques los admitieron
en su amistad, fué sin consulta de nuestra república, y
vienen amparados en una falta de atencion, que merece
castigo en sus valedores. Y esas impresiones del aire y

señales espantosas, tan encarecidas por Magiscatzin, ántes
nos persuaden á que los tratemos como enemigos, porque
siempre denotan calamidades y miserias. No nos avisa el
cielo con sus prodigios de lo que esperamos, sino de lo
que debemos temer : que nunca se acompañan de horrores sus felicidades, ni enciende sus cometas para que se
adormezca nuestro cuidado, y se deje estar nuestra ne-
gligencia. Mi sentir es que se junten nuestras fuerzas, y
se acabe de una vez con ellos, pues vienen á nuestro poder señalados con el índice de las estrellas, para que los
miremos como tiranos de la patria y de los dioses : y li-
brando en su castigo la reputacion de nuestras armas,
conozca el mundo que no es lo mismo ser immortales en
Tabasco, que invincibles en Tlascala. »

**Marche de l'armée espagnole sur Tlascala. — Rencontre avec
l'armée indienne commandée par Jicotencal.**

El dia siguiente se volvió á la marcha con el mismo
concierto, y se descubrió segunda vez el enemigo, que
con un grueso poco mayor que el pasado venia caminando mas presuroso que ordenado. Acercáronse á
nuestro ejército sus tropas con grande orgullo y alga-
zara; y sin proporcionarse con el alcance de sus flechas,
hieron la carga inútilmente : y al mismo tiempo empezaron á retirarse, sin dejar de pelear á lo largo, particularmente los pedreros, que á mayor distancia se mostraban mas animosos. Conoció luego Hernan Cortés que
aquella retirada tenia mas de estratagema que de temor;
y receloso interiormente de mayor combate fué siguiendo
con su fuerza unida la huella del enemigo, hasta que
vencida una eminencia que se interponia en el camino,
se descubrió en lo llano de la otra parte un ejército, que
dicen pasaria de cuarenta mil hombres. Componíase de
varias naciones, que se distinguian por los colores de las
divisas y plumages. Venian en él los nobles de Tlascala

y toda su confederacion. Gobernábalo Jicotencal, que,
como dijimos, tenia por su cuenta las armas de la república : y dependientes de su órden, mandaban las tropas
ausiliares sus mismos caciques, ó sus mayores soldados.

Pudieran desanimarse los españoles de ver á su oposicion tan desiguales fuerzas; pero sirvió mucho en esta
ocasion la esperiencia de Tabasco : y Hernan Cortés se
detuvo poco en persuadirlos á la batalla, porque se conocia en los semblantes y en las demostraciones el deseo
de pelear. Empezaron luego á bajar la cuesta con alegre
seguridad : y por ser la tierra quebrada y desigual,
donde no se podian manejar los caballos, ni hacian
efecto disparadas de alto á bajo las bocas de fuego, se
trabajó mucho en apartar al enemigo, que alargó algunas
mangas para que disputasen el paso. Pero luego que
mejoraron de terreno los caballos, y salió á lo llano
parte de nuestra infantería, se despejó la campaña, y se
hizo lugar para que bajase la artillería, y acabase de
afirmar el pie la retaguardia. Estaba el grueso del enemigo á poco mas que tiro de arcabuz, peleando solamente con los gritos y con las amenazas : y apénas se
movió nuestro ejército, hecha la seña de embestir,
cuando se empezaron á retirar los indios con apariencias
de fuga; siendo en la verdad segunda estratagema, de
que usó Jicotencal para lograr con el avance de los
españoles la intencion que traia de cogerlos en medio, y
combatirlos por todas partes, como se esperimentó brevemente; porque apénas los reconoció distantes de la
eminencia en que pudieran asegurar las espaldas, cuando
la mayor parte de su ejército se abrió en dos alas, que
corriendo impetuosamente, ocuparon por ambos lados
la campaña; y cerrando el círculo, consiguieron el intento de sitiarlos á lo largo. Fuéronse luego doblando
con increible diligencia, y trataron de estrechar el
sitio, tan cerrados y resueltos, que fué necesario dar
cuatro frentes al escuadron, y cuidar ántes de resistir

que de ofender, supliendo con la union y la buena ordenanza la desigualdad del número.

Llenóse el aire de flechas, herido tambien de las voces
y del estruendo : llovian dardos y piedras sobre los españoles; y conociendo los indios el poco efecto que hacian sus armas arrojadizas, llegaron brevemente á los
chuzos y á las espadas. Era grande el estrago que recibian, y mayor su obstinacion. Hernan Cortés acudia con
sus caballos á la mayor necesidad, rompiendo y atropellando á los que mas se acercaban. Las bocas de fuego
peleaban con el daño que hacian, y con el espanto que
ocasionaban : la artillería lograba todos sus tiros, derri-
bando el asombro á los que perdonaban las balas : y
como era uno de los primores de su milicia el esconder
los heridos y retirar los muertos, se ocupaba en esto
mucha gente, y se iban disminuyéndo sus tropas; con
que se redujeron á mayor distancia, y empezaron á pelear ménos atrevidos. Pero Hernan Cortés, ántes que se
reparasen ó rehiciesen para volver á lo estrecho, determinó embestir con la parte mas flaca de su ejército, y
abrir el paso para ocupar algun puesto donde pudiese dar
toda la frente al enemigo. Comunicó su intento á los
capitanes, y puestos en ala sus caballos, seguidos á paso
largo de la infantería, cerró con los indios, apellidando
á voces el nombre de san Pedro. Resistieron al principio,
jugando valerosamente sus armas; pero la ferocidad de
los caballos, sobrenatural ó monstruosa en su imaginacion, los puso en tanto pavor y desórden, que huyendo á
todas partes, se atropellaban y herian unos á otros, haciéndose el mismo daño que recelaban.

Cortés fait des propositions de paix à Jicoteneal qui les repousse
avec insolence. — On en vient de nouveau aux mains dans un
engagement terrible.

Mandó luego buscar entre los otros prisioneros que
se hicieron el dia de la ocasion los que pareciesen mas

despiertos; y eligió dos ó tres para que llevasen un recado suyo á Jicotencal, cuya sustancia fué : « Que se hallaba con mucho sentimiento del daño que habia padecido su gente en la batalla, de cuyo rigor tuvo la culpa quien dió la ocasion, recibiendo con las armas á los que venian proponiendo la paz : que de nuevo le requeria con ella, deponiendo enteramente la razon de su enojo : pero que si no desarmaban luego y trataban de admitirla, le obligarian á que los aniquilase y destruyese de una vez, dando al escarmiento de sus vecinos el nombre de su nacion. » Partieron los indios con este mensage bien industriados y contentos, ofreciendo volver con la respuesta, y tardaron pocas horas en cumplir su palabra; pero vinieron sangrientos y maltratados, porque Jicotencal mandó castigar en ellos el atrevimiento de llevarle semejante proposicion : y no los hizo matar, porque volviesen heridos á los ojos de Cortés, y llevando esta circunstancia mas de su resolucion, le dijesen de su parte : « Que al primer nacimiento del sol se verian en campaña : que su ánimo era llevarle vivo con todos los suyos á las aras de sus dioses, para lisonjearlos con la sangre de sus corazones : y que se lo avisaba desde luego, para que tuviese tiempo de prevenirse : » dando á entender que no acostumbraba disminuir sus victorias con el descuido de sus enemigos.

Causó mayor irritacion que cuidado en el ánimo de Cortés la insolencia del bárbaro ; pero no desestimó su aviso, ni despreció su consejo ; ántes con la primera luz del dia sacó su gente á la campaña, dejando en el cuartel la que pareció necesaria para su defensa ; y alargándose poco ménos de media legua, eligió puesto conveniente para recibir al enemigo con alguna ventaja, donde formó sus hileras segun el terreno, y conforme á la esperiencia que ya se tenia de aquella guerra. Guarneció luego los costados con la artillería, midiendo y regulando sus ofensas : alargó sus batidores ; y quedándose con los caballos para cuidar de los socorros, esperó el suceso, manifiesta en el semblante la seguridad del ánimo; sin necesitar mucho de su elocuencia para instruir y animar á sus soldados; porque venian todos alegres y alentados, hecha ya deseo de pelear la misma costumbre de vencer.

No tardaron mucho los batidores en volver con el aviso de que venia marchando el enemigo con un poderoso ejército; y poco mas en descubrirse su vanguardia. Fuése llenando la campaña de indios armados : no se alcanzaba con la vista el fin de sus tropas, escondiéndose, ó formándose de nuevo en ellas todo el horizonte. Pasaba el ejército de cincuenta mil hombres : así lo confesaron ellos mismos : último esfuerzo de la república y de todos sus aliados, para coger vivos á los españoles, y llevarlos maniatados, primero al sacrificio, y luego al banquete. Traian de novedad una grande águila de oro levantada en alto, insignia de Tlascala, que solo accompañaba sus huestes en las mayores empresas. Ibanse acercando con increible ligereza; y cuando estuvieron á tiro de cañon, empezó á reprimir su celeridad la artillería, poniéndolos en tanto asombro, que se detuvieron un rato neutrales entre la ira y el miedo; pero, venciendo la ira, se adelantaron de tropel hasta llegar á distancia que pudieron jugar sus hondas y disparar sus flechas, donde los detuvo segunda vez el terror de los arcabuces y el rigor de las ballestas.

Duró largo tiempo el combate, sangriento de parte de los indios, y con poco daño de los españoles; porque militaba en su favor la diferencia de las armas, y el órden y concierto con que daban y recibian las cargas. Pero reconociendo los indios la sangre que perdian, y que los iba destruyendo su misma tardanza, se movieron de una vez, impelidos, al parecer, los primeros de los que venian detras, y cayó toda la multitud sobre los españoles y zempoales, con tanto ímpetu y desesperacion, que los rompieron y desbarataron, deshaciendo enteramente la union y buena ordenanza en que se mantenian : y fué necesario todo el valor de los soldados, todo el aliento y diligencia de los capitanes, todo el esfuerzo de los caballos, y toda la ignorancia militar de los indios para que pudiesen volverse á formar, como lo consiguieron á viva fuerza con muerte de los que tardaron mas en retirarse.

Causes de la retraite des Tlascaltéques.

Súpose despues que la causa de esta revolucion y el motivo de esta segunda retirada fué que Jicotencal, hombre destemplado y soberbio, que fundaba su autoridad en la paciencia de los que le obedecian, reprendió con sobrada libertad á uno de los caciques principales, que servia debajo de su mano con mas de diez mil guerreros ausiliares : tratóle de cobarde y pusilánime, porque se detuvo cuando cerraron los demas : y él volvió por sí con tanta osadia que llegó el caso á términos de rompimiento y desafío de persona á persona; y brevemente se hizo causa de toda la nacion, que sintió el agravio de su capitan, y se previno á su defensa : con cuyo ejemplo tumultuaron otros caciques parciales del ofendido, y tomando resolucion de retirar sus tropas de un ejército donde se desestimaba su valor, lo ejecutaron con tanto enojo y celeridad, que pusieron en desórden y turbacion á los demas : y Jicotencal, conociendo su flaqueza, trató solamente de ponerse en salvo, dejando á sus enemigos el campo y la victoria.

No es nuestro ánimo referir como milagro este suceso tan favorable y tan oportuno á los españoles; ántes confesamos que fué casual la desunion de aquellos caciques, y fácil de suceder donde mandaba un general impaciente, con poca superioridad entre los confederados de su república. Pero quien viere quebrantado y deshecho primera y segunda vez aquel ejército poderoso de innumerables bárbaros, obra negada ó superior á las fuerzas humanas, conocerá en esta misma casualidad la mano de

Dios, cuya inefable sabiduría suele fabricar sus altos fines sobre contingencias ordinarias, sirviéndose muchas veces de lo que permite, para encaminar lo mismo que dispone.

Fué grande el número de los indios que murieron en esta ocasion, y mayor el de los heridos : así lo referian ellos despues; y de los nuestros murió un soldado, y salieron veinte con algunas heridas de tan poca consideracion, que pudieron asistir á las guardias aquella misma noche. Pero siendo esta victoria tan grande, y mas llenamente admirable que la pasada, porque se peleó con mayor ejército, y se retiró deshecho el enemigo, pudo tanto en algunos de los soldados españoles la novedad de haberse visto rotos y desordenados en la batalla, que volvieron al cuartel melancólicos y desalentados con ánimo y semblante de vencidos.

La victoire ne rassure pas les esprits des soldats espagnols. — Les chefs cherchent à leur faire entendre raison, sans parvenir à persuader les mécontents. — Discours de Cortés.

Iba tomando cuerpo la inquietud de los malcontentos; y no bastando á reducirlos la diligencia de los capitanes, ni el contrario sentir de la gente de obligaciones, fué necesario que Hernan Cortés sacase la cara, y tratase de ponerlos en razon : para cuyo efecto mandó que se juntasen en la plaza de armas todos los españoles con pretesto de tomar acuerdo sobre el estado presente de las cosas : y acomodando cerca de sí á los mas inquietos, especie de favor en que iba envuelta la importancia de que le oyesen mejor : «Poco tenemos, dijo, que discurrir en lo que debo obrar nuestro ejército, vencidas en poco tiempo dos batallas, en que se ha conocido igualmente vuestro valor y la flaqueza de vuestros enemigos : y aunque no suele ser el último afan de la guerra el vencer, pues tiene sus dificultades el seguir la victoria,

y debemos todavía recatarnos de aquel género de peligros, que andan muchas veces con los buenos sucesos
como pensiones de la humana felicidad; no es este,
amigos, mi cuidado : para mayor duda necesito de
vuestro consejo. Dícenme que algunos de nuestros soldados vuelven á desear y se animan á proponer que nos
retiremos. Bien creo que fundarán este dictámen sobre
alguna razon aparente; pero no es bien que punto de
tanta importancia se trate á manera de murmuracion.
Decid todos libremente vuestro sentir : no desautori-
ceis vuestro celo tratándole como delito : y para que
discurramos todos sobre lo que conviene á todos, consi-
dérese primero el estado en que nos hallamos, y resuél-
vase de una vez algo que no se pueda contradecir. Esta
jornada se intentó con vuestro parecer, y pudiera decir
con vuestro aplauso : nuestra resolucion fué pasar á la
córte de Motezuma : todos nos sacrificamos á esta empresa por nuestra religion, por nuestro rey, y despues
por nuestra honra y nuestras esperanzas. Esos indios de
Tlascala, que intentaron oponerse á nuestro designio
con todo el poder de su república y confederaciones,
están ya vencidos y desbaratados. No es posible, segun
las reglas naturales, que tarden mucho en rogarnos con
la paz, ó cedernos el paso. Si esto se consigue, ¿cómo
crecerá nuestro crédito ? ¿ dónde nos pondrá la aprehension de estos bárbaros, que hoy nos coloca entre sus
dioses? Motezuma, que nos esperaba cuidadoso, como
se ha conocido en la repeticion y artificio de sus emba-
jadas, nos ha de mirar con mayor asombro, domados los
Tlascaltecas, que son los valientes de su tierra y los que
se mantienen con las armas fuera de su dominio. Muy
posible será que nos ofrezca partidos ventajosos, temiendo que nos coliguemos con sus rebeldes ; y muy
posible que esta misma dificultad que hoy esperimen-
tamos, sea el instrumento de que se vale Dios para facilitar nuestra empresa, probando nuestra constancia :
que no ha de hacer milagros con nosotros, sin servirse

de nuestro corazon y nuestras manos. Pero si volvemos las espaldas (y seremos los primeros á quien desanimen las victorias), perdióse de una vez la obra y el trabajo. ¿Qué podemos esperar? ¿ ó qué no debemos temer? Esos mismos vencidos, que hoy están amedrentados y fugitivos, se han de animar con nuestro desaliento, y dueños de los atajos y asperezas de la tierra, nos han de perseguir y deshacer en la marcha. Los indios amigos, que sirven á nuestro lado contentos y animosos, se han de apartar de nuestro ejército, y procurar escaparse á sus tierras, publicando en ellas nuestro vituperio. Los Zempoales y Totonaques, nuestros confederados, que son el único refugio de nuestra retirada, han de conspirar contra nosotros, perdido el gran concepto que tenian de nuestras fuerzas. Vuelvo á decir que se considere todo con maduro consejo, y midiendo las esperanzas que abandonamos con los peligros á que nos esponemos, propongais y delibereis lo que fuere mas conveniente; que yo dejo toda su libertad á vuestro discurso : y he tocado estos inconvenientes mas para disculpar mi opinion, que para defenderla. » Apénas acabó Hernan Cortés su razonamiento, cuando uno de los soldados inquietos, conociendo la razon, levantó la voz, diciendo á sus parciales : « Amigos, nuestro capitan pregunta lo que se ha de hacer; pero enseña preguntando : ya no es posible retirarnos sin perdernos. »

Effets produits par leur défaite sur l'esprit des Tlascaltéques. Idées qu'ils se forment des Espagnols.

Causó raro desconsuelo en Tlascala esta segunda rota de su ejército. Todos andaban admirados y confusos. El pueblo clamaba por la paz : los magnates no hallaban camino de proseguir la guerra : unos trataban de retirarse á los montes con sus familias : otros decian que los es-

pañoles eran deidades, inclinándose á que se les diese la
obediencia con circunstancias de adoracion. Juntáronse
los senadores para tratar del remedio : y empezando
discurrir por su mismo asombro, confesaron todos que
las fuerzas de aquellos estrangeros no parecian naturales; pero no se acababan de persuadir á que fuesen
dioses, teniendo por ligereza el acomodarse á la credulidad del vulgo ; ántes vinieron á recaer en el dictámen
de que se obraban aquellas hazañas de tanta maravilla
por arte de encantamento : resolviendo que se debia recurrir á la misma ciencia para vencerlos, y desarmar un
encanto con otro. Llamaron para este fin á sus magos y
agoreros, cuya ilusoria facultad tenia el demonio muy
introducida, y no ménos venerada en aquella tierra.
Comunicóseles el pensamiento del senado, y ellos
asintieron á él con misteriosa ponderacion ; y dando.á
entender que sabian la duda que se les habia de proponer, y que traian estudiado el caso de prevencion, dijeron : « Que mediante la observacion de sus círculos
y adivinaciones, tenian ya descubierto y averiguado el
secreto de aquella novedad; y que todo consistia en que
los españoles eran hijos del sol, producidos de su misma
actividad en la madre tierra de las regiones orientales :
siendo su mayor encantamento la presencia de su padre,
cuya fervorosa influencia les comunicaba un género de
fuerza superior á la naturaleza humana, que los ponia en
términos de inmortales. Pero que al trasponer por el
occidente, cesaba la influencia, y quedaban desalentados
y marchitos como las yerbas del campo, reduciéndose á
los límites de la mortalidad como los otros hombres :
por cuya consideracion convendria embestirlos de noche,
y acabar con ellos ántes que el nuevo sol los hiciese
invencibles. »

Jicotencal ne se tenait cependant pas pour battu. — Il envoie des
espions dans le camp espagnol. — Ils sont reconnus. — Cortés
leur fait couper les mains et les renvoie aux Indiens. — Leur
vue effraie ces derniers, qui obligent Jicotencal à déposer le
commandement.

Averiguados ya los designios de Jicotencal por la confesion de sus espías, trató Hernan Cortés de prevenir todo
lo necesario para la defensa de su cuartel; y pasó luego
á discurrir en el castigo que merecian aquellos delincuentes, condenados á muerte segun las leyes de la guerra;
pero le pareció que el hacerlos matar sin noticia de los
enemigos seria justicia sin escarmiento : y como necesitaba ménos de su satisfaccion que del terror ageno, ordenó que á los que estuvieron mas negativos, que serián
catorce ó quince, se les cortasen las manos á unos, y á
otros los dedos pulgares, y los envió de esta suerte á su
ejército : mandándoles que dijesen de su parte á Jicotencal, que ya le quedaban esperando; y que se los enviaba con la vida, porque no se le malograsen las noticias
que llevaban de sus fortificaciones.

Hizo grande horror en el ejército de los indios, que
venia ya marchando á su faccion, este sangriento espectáculo : quedaron todos atónitos notando la novedad y el
rigor del castigo ; y Jicotencal mas que todos cuidadoso
de que se hubiesen descubierto sus designios : siendo este
el primer golpe que le tocó en el ánimo y empezó á quebrantar su resolucion ; porque se persuadió á que no podian sin alguna divinidad aquellos hombres haber conocido sus espías y penetrado su pensamiento : con cuya
imaginacion empezó á congojarse, y á dudar en el partido
que debia tomar : pero cuando ya estaba inclinado á resolver su retirada, la halló necesaria por otro accidente,
y se hizo sin su voluntad lo mismo que resistia su obstinacion. Llegaron á este tiempo diferentes ministros del
senado, que autorizados con su representacion, le inti-

maron que arrimase el baston de general : porque vista
su inobediencia y el atrevimiento de su respuesta, se
habia revocado el nombramiento en cuya virtud gobernaba las armas de la república. Mandaron tambien á los
capitanes que no le obedeciesen, pena de ser declarados
por traidores á la patria : y como cayó esta novedad sobre
la turbacion que causó en todos el destrozo de sus espias,
y en Jicotencal la penetracion de su secreto, ninguno se
atrevió á replicar ; ántes inclinaron las cervices al precepto
de la república, deshaciéndose con estraordinaria prontitud todo aquel aparato de guerra.

Des messagers de paix se rendent auprès de Fernand Cortés.

Recibiólos Hernan Cortés con aparato y severidad conveniente : y ellos, repitiendo sus reverencias y sus perfumes, dieron su embajada, que se redujo á diferentes
disculpas de lo pasado, frívolas, pero de bastante sustancia para colegir de ellas su arrepentimiento. Decian :
« Que los Otomies y Chontales, naciones bárbaras de su
confederacion, habian juntado sus gentes y hecho la
guerra contra el parecer del senado, cuya autoridad no
habia podido reprimir los primeros ímpetus de su ferocidad ; pero que ya quedaban desarmados, y la república
muy deseosa de la paz : que no solo traian la voz del senado, sino de la nobleza y del pueblo, para pedirle que
marchase luego con todos sus soldados á la ciudad, donde
podrian detenerse lo que gustasen, con seguridad de que
serian asistidos y venerados como hijos del sol y hermanos de sus dioses. » Y últimamente concluyeron su razonamiento, dejando mal encubierto el artificio en todo lo
que hablaron de la guerra pasada ; pero no sin algunos
visos de sinceridad en lo que proponian de la paz.

Hernan Cortés, afectando segunda vez la severidad, y
negando al semblante la interior complacencia, les respondió solamente : « Que llevasen entendido, y dijesen de

su parte al senado, que no era pequeña demostracion de
su benignidad el admitirlos y escucharlos, cuando podian
temer su indignacion como delincuentes, y debian recibir
la ley como vencidos. Que la paz que proponian era conforme á su inclinacion; pero que la buscaban despues de
una guerra muy injusta y muy porfiada, para que se dejase hallar fácilmente, ó no la encontrasen detenida y
recatada. Que se veria cómo perseveraban en desearla,
y cómo procedian para merecerla: y entre tanto procu-
raria reprimir el enojo de sus capitanes, y engañar la
razon de sus armas, suspendiendo el castigo con el brazo
levantado, para que pudiesen lograr con la enmienda el
tiempo que hay entre la amenaza y el golpe. »

Montézuma avait envoyé une nouvelle ambassade pour empêcher
les Tlascaltéques de faire la paix avec les Espagnols ; mais le
Sénat de Tlascala s'obstine à la demander, et Jicotencal lui-
même s'entremet pour faire réussir la négociation.

Venia por cabo de los Tlascaltecas el mismo Jicotencal,
que tomó la comision de tratar ó concluir este gran negocio : bien fuese por satisfacer al senado, emendando
con esta accion su pasada rebeldía ; ó porque se persuadió
á que convenia la paz, y como ambicioso de gloria no
quiso que se debiese á otro el bien de su república.
Acompañábanlo cincuenta caballeros de su faccion y parentela, bien adornados á su modo. Era de mas que mediana estatura, de buen talle, mas robusto que corpulento:
el trage un manto blanco airosamente manejado, muchas
plumas, y algunas joyas puestas en su lugar : el rostro
de poco agradable proporcion ; pero que no dejaba de
infundir respeto, haciéndose mas reparable por el denuedo que por la fealdad. Llegó con desembarazo de soldado á la presencia de Cortés, y hechas sus reverencias,
tomó asiento, dijo quien era y empezó su oracion « confesando que tenia toda la culpa de la guerra pasada, por-

que se persuadió á que los españoles eran parciales de
Motezuma, cuyo nombre aborrecia ; pero que ya, como
primer testigo de sus hazañas, venia con los méritos de
rendido á ponerse en las manos de su vencedor, deseando
merecer con esta sumision y reconocimiento el perdon de
su república ; cuyo nombre y autoridad traia, no para
proponer, sino para pedir rendidamente la paz, y admitirla como se la quisiesen conceder : que la demandaba
una, y dos y tres veces en nombre del senado, nobleza y
pueblo de Tlascala, suplicándole con todo encarecimento
que honrase luego aquella ciudad con su asistencia, donde
hallaria prevenido alojamiento para toda su gente, y
aquella veneracion y servidumbre que se podia fiar de
los que, siendo valientes, se rendian á rogar y obedecer ;
pero que solamente le pedia, sin que pareciese condicion
de la paz, sino dádiva de su piedad, que se hiciese buen
pasage á los vecinos, y se reservasen de la licencia militar sus dioses y sus mugeres. »

Montézuma cherche par tous les moyens possibles à empêcher
Cortés d'entrer dans Tlascala et à l'éloigner par là de Mexico.

En el discurso de los seis dias que se detuvo Herman
Cortés en su alojamiento para cumplir con los mejicanos,
se conoció con nuevas esperiencias el afecto con que deseaban la paz los de Tlascala, y cuanto se recelaban de los
oficios y diligencias de Motézuma. Llegaron dentro del
plazo señalado los embajadores que se esperaban, y fueron recibidos con la urbanidad acostumbrada. Venian seis
caballeros de la familia real con lucido acompañamiento,
y otro presente de la misma calidad, y poco mas valor
que el pasado. Habló el uno de ellos, y, no sin aparato
de palabras y exageraciones, ponderó : « Cuánto deseaba
el supremo emperador (y al decir su nombre hicieron
todos una profunda humiliacion) ser amigo y confederado
del príncipe grande á quien obedecian los españoles, cuya

magestad resplandecia tanto en el valor de sus vasallos, que se hallaba inclinado á pagarle todos los años algun tributo, partiendo con él las riquezas de que abundaba, porque le tenia en gran veneracion, considerándole hijo del sol, ó por lo ménos señor de las regiones felicísimas donde nace la luz; pero que habian de preceder á este ajustamiento dos condiciones. La primera, que se abstuviesen Hernan Cortés y los suyos de confederarse con los de Tlascala; pues no era bien que hallándose tan obligados de sus dádivas, se hiciesen parciales de sus enemigos. Y la segunda, que acabasen de persuadirse á que no era posible ni puesto en razon el intento de pasar á Méjico: porque segun las leyes de su imperio, ni él podia dejarse ver de gentes estrangeras, ni sus vasallos lo permitirian. Que considerasen bien los peligros de ambas temeridades; porque los Tlascaltecas eran tan inclinados á la traicion y al latrocinio, que solo tratarian de asegurarlos para vengarse de ellos, y aprovecharse del oro con que los habia enriquecido; y los mejicanos tan zelosos de sus leyes y tan mal acondicionados, que no podria reprimirlos su autoridad, ni los españoles quejarse de lo que padeciesen, tantas veces amonestados de lo que aventuraban. »

Les Tlascaltéques, que les ambassades de Montézuma inquiétent, se rendent auprès de Fernand Cortés. — Discours du vieux Jicotencal, aveugle.

Era solemne y numeroso el acompañamiento, y pacífico el color de los adornos y las plumas. Venian los senadores en andas ó sillas portátiles, sobre los hombros de ministros inferiores; y en el mejor lugar Magiscatzin, que favoreció siempre la causa de los españoles, y el padre de Jicotencal, anciano venerable, á quien habia quitado los ojos la vejez; pero sin ofender la cabeza, pues se conservaba todavía con opinion de sabio entre los consejeros. Apeáronse poco ántes de llegar á la casa donde los esperaba Cortés: y el ciego se adelantó á los demas, pidiendo á los que le conducian que le acercasen al capitan de los orientales. Abrazóle con estraordinario contento, y despues le aplicaba por diferentes partes el tacto, como quien deseaba conocerle, supliendo con las manos el defecto de los ojos. Sentáronse todos, y á ruego de Magiscatzin habló el ciego en esta sustancia:

« Ya, valeroso capitan, seas ó no del género mortal, tienes en tu poder al senado de Tlascala, última señal de nuestro rendimiento. No venimos á disculpar el yerro de nuestra nacion; sino á tomarle sobre nosotros, fiando á nuestra verdad tu desenojo. Nuestra fué la resolucion de la guerra; pero tambien ha sido nuestra la determinacion de la paz. Apresurada fué la primera, y tarda es la segunda; pero no suelen ser de peor calidad las resoluciones mas consideradas; ántes se borra con trabajo lo que se imprime con dificultad: y puedo asegurar que la misma detencion nos dió mayor conocimiento de tu valor, y profundó los cimientos de nuestra constancia. No ignoramos que Motezuma intenta disuadirte de nuestra confederacion: escúchale como á nuestro enemigo, si no le considerares como tirano, que ya lo parece quien te busca para la sinrazon. Nosotros no queremos que nos ayudes contra él, que para todo lo que no eres tú nos bastan nuestras fuerzas: solo sentiremos que fies tu seguridad de sus ofertas; porque conocemos sus artificios y maquinaciones, y acá en mi ceguedad se me ofrecen algunas luces que me descubren desde léjos tu peligro. Puede ser que Tlascala se haga famosa en el mundo por la defensa de tu razon; pero dejemos al tiempo tu desengaño: que no es vaticinio lo que se colige fácilmente de su tiranía y de nuestra fidelidad. Ya nos ofreciste la paz: si no te detiene Motezuma, ¿ qué te detiene? ¿ Por qué te niegas á nuestras instancias? ¿ Por qué dejas de honrar nuestra ciudad con tu presencia? Resueltos venimos á conquistar de una vez tu voluntad y tu confianza, ó

poner en tus manos nuestra libertad: elige, pues, de estos
dos partidos el que mas te agradare: que para nosotros
nada es tercero entre las dos fortunas, de tus amigos ó
tus prisioneros. »

Description de Tlascala. — Caractère des habitants. — Fertilité
du pays. — Ses tempêtes, ses ouragans.

Era entónces Tlascala una ciudad muy populosa, fundada sobre cuatro eminencias poco distantes, que se pro-
longaban de oriente á poniente con desigual magnitud:
y fiadas en la natural fortaleza de sus peñascos contenian
en sí los edificios, formando cuatro cabeceras ó barrios
distintos, cuya division se unia y comunicaba por diferentes calles de paredes gruesas que servian de muralla.
Gobernaban estas poblaciones con señorío de vasallage
cuatro caciques descendientes de sus primeros fundado-
res, que pendian del senado, y ordinariamente concur-
rian en él ; pero con sujecion á sus órdenes en todo lo
político, y segundas instancias de sus vasallos. Las casas
se levantaban moderadamente de la tierra, porque no
usaban segundo techo : su fábrica de piedra y ladrillo ; y
en vez de tejados azuteas y corredores : las calles angos-
tas y torcidas, segun conservaba su dificultad la aspereza
de la montaña. ¡ Estraordinaria situacion y arquitectura !
ménos á la comodidad que á la defensa.
Tenia toda la provincia cincuenta leguas de circunferencia : diez su longitud de oriente á poniente ; y cuatro
su latitud de norte á sur. Pais montuoso y quebrado,
pero muy fértil, y bien cultivado en todos los parages
donde la frecuencia de los riscos daba lugar al beneficio
de la tierra. Confinaba por todas partes con provincias
de la faccion de Motezuma : solo por la del norte cerraba,
mas que dividia, sus límites la gran cordillera, por cuyas
montañas inaccesibles se comunicaban con los Otomíes,
Totonaques y otras naciones bárbaras de su confedera-

cion. Las poblaciones eran muchas y de numerosa vecindad : la gente, inclinada desde la niñez á la supersticion
y al ejercicio de las armas, en cuyo manejo se imponian
y habilitaban con emulacion; hiciéselos montaraces el
clima ó valientes la necesidad. Abundaban de maiz, y esta
semilla respondia tan bien al sudor de los villanos, que
dió á la provincia el nombre de Tlascala; voz que en su
lengua es lo mismo que tierra de pan. Habia frutas de
gran variedad y regalo : cazas de todo género ; y era
una de sus fertilidades la cochinilla, cuyo uso no conocian, hasta que le aprendieron de los españoles. Debióse
de llamar asi del grano coccineo, que dió entre nosotros
nombre á la grana ; pero en aquellas partes es un género de insecto como gusanillo pequeño, que nace y ad-
quiere la última sazon sobre las hojas de un árbol rústico y espinoso, que llamaban entónces tuna silvestre, y
ya le benefician como fructifero; debiendo su mayor comercio y utilidad al precioso tinte de sus gusanos, nada
inferior al que hallaron los antiguos en la sangre del
múrice y la púrpura, tan celebrado en los mantos de sus
reyes.

Tenia tambien sus pensiones la felicidad natural de
aquella provincia, sujeta, por la vecindad de las montañas, á grandes tempestades, horribles huracanos, y frecuentes inundaciones del rio Zahual, que no contento algunos años con destruir las mieses y arrancar los árboles,
solia buscar los edificios en lo mas alto de las eminencias. Dicen que Zahual en su idioma significa rio de sarna,
porque se cubrian de ella los que usaban de sus aguas en
la bebida ó en el baño: segunda malignidad de su corriente. Y no era la menor entre las calamidades que padecia Tlascala el carecer de sal, cuya falta desazonaba
todas sus abundancias : y aunque pudieran traerla fácilmente de las tierras de Motezuma con el precio de sus
granos, tenian á menor inconveniente sufrir el sinsabor
de sus manjares, que abrir el comercio á sus enemigos.

Diego de Ordaz visite le volcan de Popocatepa.

Es el monte muy delicioso en su principio: hermoséanle por todas partes frondosas arboledas, que subiendo largo trecho con la cuesta, suavizan el camino con su amenidad, y al parecer, con engañoso divertimiento llevan al peligro por el deleite. Vase despues esterilizando la tierra, parte con la nieve que dura todo el año en los parages que desampara el sol ó perdona el fuego, y parte con la ceniza que blanquea tambien desde léjos con la oposicion del humo. Quedáronse los indios en la estancia de las ermitas, y partió Diego de Ordaz con sus dos soldados, trepando animosamente por los riscos, y poniendo muchas veces los pies donde estuvieron las manos: pero cuando llegaron á poca distancia dé la cumbre, sintieron que se movia la tierra con violentos y repetidos vaivenes, y percibieron los bramidos horribles del volcan, que á breve rato disparó con mayor estruendo gran cantidad de fuego envuelto en humo y ceniza: y aunque subió derecho sin calentar lo trasversal del aire, se dilató despues en lo alto, y volvió sobre los tres una lluvia de ceniza tan espesa y tan encendida, que necesitaron de buscar su defensa en el cóncavo de una peña, donde faltó el aliento á los españoles, y quisieron volverse; pero Diego de Ordaz viendo que cesaba el terremoto, que se mitigaba el estruendo, y salia ménos denso el humo, los animó con adelantarse, y llegó intrépidamente á la boca del volcan, en cuyo fondo observó una gran masa de fuego, que, al parecer, hervia como materia líquida y resplandeciente; y reparó en el tamaño de la boca que ocupaba casi toda la cumbre, y tendria como un cuarto de legua su circunferencia. Volvieron con esta noticia, y recibieron enhorabuenas de su hazaña, con grande asombro de los indios, que redundó en mayor estimacion de los españoles. Esta bizarría de Diego de

Ordaz no pasó entónces de una curiosidad temeraria ; pero el tiempo la hizo de consecuencia, y todo servia en esta obra : pues hallándose despues el ejército con falta de pólvora para la segunda entrada que se hizo por fuerza de armas en Méjico, se acordó Cortés de los hervores de fuego líquido que se vieron en este volcan, y halló en él toda la cantidad que hubo menester de finísimo azufre para fabricar esta municion : con que se hizo recomendable y necesario el arrojamiento de Diego de Ordaz, y fué su noticia de tanto provecho en la conquista, que se la premió despues el emperador con algunas mercedes, y ennobleció la misma faccion dándole por armas el volcan.

Nouvelle ambassade de Montézuma. — Les Tlascaltéques engagent Cortés à ne pas prendre la voie de Cholula pour se rendre à Mexico. — Motifs qui obligèrent à prendre cette route.

Pero ántes que se tomase acuerdo en este punto, llegaron nuevos embajadores de Motezuma con otro presente, y noticia de que ya estaba su emperador reducido á dejarse visitar de los españoles, dignándose de recibir gratamente la embajada que le traian : y entro otras cosas que discurrieron concernientes al viaje, dieron á entender que dejaban prevenido el alojamiento en Cholula ; con que se hizo necesario el empeño de ir por aquella ciudad ; no porque se fiase mucho de esta inopinada y repentina mudanza de Motezuma, ni dejase de parecer intempestiva y sospechosa tanta facilidad sobre tanta resistencia ; pero Hernan Cortés ponia gran cuidado en que no le viesen aquellos mejicanos receloso, de cuyo temor se componia su mayor seguridad. Los Tlascalleeas del gobierno, cuando supieron la proposicion de Motezuma, dieron por hecho el trato doble de Cholula, y volvieron á su instancia, temiendo con buena voluntad el peligro de sus amigos : y Magiscatzin, que tenia mayor afecto á los españoles, y amaba particularmente á Cortés con inclinacion apasionada, le apretó mucho en que no fuese por aquella ciudad: pero él, que deseaba darle satisfaccion de lo que agradecia su cuidado, y estimaba su consejo, convocó luego á sus capitanes, y en su presencia se propuso la duda, y se pesaron las razones que por una y otra parte ocurrian: cuya resolucion fué: « Que ya no era posible dejar de admitir el alojamiento que proponian los mejicanos, sin que pareciese recelo anticipado; ni cuando fuese cierta la sospecha, convenia pasar á mayor empeño, dejando la traicion á las espaldas; ántes se debia ir á Cholula para descubrir el ánimo de Motezuma, y dar nueva reputacion al ejército con el castigo de sus asechanzas. » Redújose Magiscatzin al mismo dictámen, venerando con docilidad el superior juicio de los españoles. Pero sin apartarse del recelo que le obligó á sentir lo contrario, pidió licencia para juntar las tropas de su república, y asistir á la defensa de sus amigos en un peligro tan evidente: que no era razon, que por ser ellos invincibles, quitasen á los Tlascaltecas la gloria de cumplir con su obligacion. Pero Hernan Cortés, aunque no dejaba de conocer el riesgo, ni le sonó mal este ofrecimiento, se detuvo en admitirle, porque lo hacia disonancia el empezar tan presto á desfrutar los socorros de aquella gente recien pacificada: y así le respondió agradeciendo mucho su atencion; y últimamente le dijo: « Que no era necesaria por entónces aquella prevencion; » pero se lo dijo con flojedad, como quien deseaba que se hiciese, y no queria darlo á entender: especie de rehusar que suele ser poco ménos que pedir.

Avant de partir de Tlascala, Cortés confie à la vénération des
   Caciques la croix de bois qu'il avait fait élever à son entrée
   dans cette ville. — Une nue descend du ciel pour la proté-
   ger.

Quedó en Tlascala, cuando salieron los españoles de
aquella ciudad, una cruz de madera, fija en un lugar
eminente y descubierto, que se colocó de comun consen-
timiento el dia de la entrada: y Hernan Cortés no quiso
que se deshiciese, por mas que se tratasen como culpas
los escesos de su piedad, ántes encargó á los caciques su
veneracion; pero debia de ser necesaria mayor recomendacion para que durase con seguridad entre aquellos in-
fieles: porque apénas se apartaron de la ciudad los cristianos, cuando á vista de los indios bajó del cielo una
prodigiosa nube á cuidar de su defensa. Era de agradable
y esquisita blancura, y fué descendiendo por la region
del aire, hasta que dilatada en forma de coluna se detuvo
perpendicularmente sobre la misma cruz, donde perse-
veró mas ó ménos distinta (maravillosa providencia) tres
ó cuatro años que se dilató por varios accidentes la conversion de aquella provincia. Salia de la nube un género
de resplandor mitigado, que infundia veneracion, y no
se dejaba mezclar entre las tinieblas de la noche. Los
indios se atemorizaban al principio, conociendo el prodigio, sin discurrir en el misterio; pero despues consi-
deraron mejor aquella novedad, y perdieron el miedo sin
menoscabo de la admiracion. Decian públicamente que
aquella santa señal encerraba dentro de sí alguna deidad,
y que no en vano la veneraban tanto sus amigos los
españoles: procuraban imitarlos, doblando la rodilla en
su presencia, y acudian á ella con sus necesidades, sin
acordarse de los ídolos, ó frecuentando ménos sus adoratorios: cuya devocion (si así se puede llamar aquel
género de afecto que sentian como influencia de causa
no conocida) fué creciendo con tanto fervor de nobles y

plebeyos, que los sacerdotes y agoreros entraron en zelos
de su religion, y procuraron diversas veces arrancar y
hacer pedazos la cruz ; pero siempre volvian escarmen-
tados, sin atreverse á decir lo que les sucedia, por no
desautorizarse con el pueblo. Asi lo refieren autores fide-
dignos, y así cuidaba el cielo de ir disponiendo aquellos
ánimos para que recibiesen despues con ménos resistencia el Evangelio : como el labrador, que ántes de repartir
la semilla, facilita su produccion con el primer beneficio
de la tierra.

Entrée des Espagnols à Cholula. — Description de cette ville.

La entrada que los españoles hicieron en Cholula fué
semejante á la de Tlascala : innumerable concurso de
gente, que se dejaba romper con dificultad : aclamaciones de bullicio : mugeres que arrojaban y repartian
ramilletes de flores : caciques y sacerdotes que frecuen-
taban reverencias y perfumes : variedad de instrumentos,
que hacian mas estruendo que música, repartidos por
las calles : y tan bien imitado en todos el regocijo, que
llegaron á tenerle por verdadero los mismos que venian
recelosos. Era la ciudad de tan hermosa vista, que la
comparaban á nuestra Valladolid, situada en un llano
desahogado por todas partes del horizonte, y de grande
amenidad : dicen que tendria veinte mil vecinos dentro
de sus muros, y que pasaria de este número la poblacion
de sus arrabales. Frecuentábanla ordinariamente muchos
forasteros, parte como santuario de sus dioses, y parte
como emporio de su mercancia. Las calles eran anchas
y bien distribuidas : los edificios mayores y de mejor
arquitectura que los de Tlascala, cuya opulencia se hacia
mas suntuosa con las torres, que daban á conocer la
multitud de sus templos. La gente ménos belicosa que
sagaz : hombres de trato, y oficiales : poca distincion, y
mucho pueblo.

Une Indienne dévoile les projets des Cholutèques aidés de Montézuma.

Dijo : « Que convenia en todo caso que se fuese luego, porque se acercaba el plazo señalado entre los suyos para destruir á los españoles; y no era razon que una muger de sus prendas pereciese con ellos : que Motezuma tenia prevenidos á poca distancia veinte mil hombres de guerra para dar calor á la faccion : que de este grueso habian entrado ya en la ciudad á la deshilada seis mil soldados escogidos : que se habia repartido cantidad de armas entre los paisanos : que tenian de repuesto muchas piedras sobre los terrados, y abiertas en las calles profundas zanjas, en cuyo fondo habian fijado estacas puntiagudas, fingiendo el plano con una cubierta de la misma tierra, fundada sobre apoyos frágiles, para que cayesen y se mancasen los caballos : que Motezuma trataba de acabar con todos los españoles ; pero encargaba que le llevasen algunos vivos para satisfacer á su curiosidad y al obsequio de sus dioses; y que habia presentado á la ciudad una caja de guerra, hecha de oro cóncavo, primorosamente vaciado, para escitar los ánimos con este favor militar. » Y últimamente doña Marina, dando á entender que se alegraba de lo bien que tenian dispuesta su empresa, y dejando caer algunas preguntas, como quien celebraba lo que inquiria, se halló con noticia cabal de toda la conjuracion. Fingió que se queria ir luego en su compañía, y con protesto de recoger sus joyas y algunas preseas de su peculio, hizo lugar para desviarse de ella sin desconfiarla. Dió cuenta de todo á Cortés; y él mandó prender á la india, que á pocas amenazas confesó la verdad entre turbada y convencida.

On fait part de ces faits aux Tlascaltéques. — Conduite des
ambassadeurs de Montézuma.

Dióse noticia de todo á los Tlascaltecas, y órden para
que estuviesen alerta, y al rayar el dia se fuesen acercando á la poblacion, como que se movian para seguir la
marcha: y en oyendo el primer golpe de los arcabuces
entrasen á viva fuerza en la ciudad, y viniesen á incor-
porarse con el ejército, llevándose tras sí toda la gente
que hallasen armada. Cuidóse tambien de que los españoles y zempoales tuviesen prevenidas sus armas, y entendida la faccion en que las habian de emplear. Y luego
que llegó la noche, cerrado ya el cuartel con las guardias
y centinelas á que obligaba la ocurrencia presente, llamó
Cortés á los embajadores de Motezuma, y con señas de
intimidad, como quien les fiaba lo que no sabian, les
dijo: « Que habia descubierto y averiguado una gran
conjuracion que le tenian armada los caciques y ciudada-
nos de Cholula: dióles señas de todo lo que ordenaban
y disponian contra su persona y ejército: ponderó cuanto
faltaban á las leyes de la hospitalidad, al establecimiento
de la paz, y al seguro de su príncipe. Y añadió: que no
solamente lo sabia por su propia especulacion y vigilancia; pero se lo habian confesado ya los principales conjurados, disculpándose del trato doble con otra mayor
culpa: pues se atrevian á decir que tenian órden y asistencia de Motezuma para deshacer alevosamente su ejército: lo cual ni era verosímil, ni se podia creer semejante
indignidad de un príncipe tan grande. Por cuya causa
estaba resuelto á tomar satisfaccion de su ofensa con
todo el rigor de sus armas: y se lo comunicaba para que
tuviesen comprendida su razon, y entendido que no le
irritaba tanto el delito principal, como la circonstancia
de querer aquellos sediciosos autorizar su traicion con el
nombre de su rey. »

Los embajadores procuraron fingir como pudieron, que no sabian la conjuracion, y trataron de salvar el crédito de su príncipe, siguiendo el camino en que los puso Cortés con bajar el punto de su queja. No convenia entónces desconfiar á Motezuma, ni hacer, de un poderoso resuelto á disimular, un enemigo poderoso y descubierto : por cuya consideracion se determinó á desbaratar sus designios, sin darle á entender que los conocia, tratando solamente de castigar la obra en sus instrumentos, y contentándose con reparar el golpe sin atender al brazo. Miraba como empresa de poca dificultad el deshacer aquel trozo de gente armada que tenia prevenida para socorrer la sedicion, hecho á mayores hazañas con menores fuerzas ; y estaba tan léjos de poner duda en el suceso, que tuvo á felicidad (ó por lo ménos así lo ponderaba entre los suyos) que se le ofreciese aquella ocasion de adelantar con los mejicanos la reputacion de sus armas. Y á la verdad, no le pesó de ver tan embarazado en los ardides el ánimo de Motezuma, pareciéndole que no discurriria en mayores intentos quien le buscaba por las espaldas, y descubria entre sus mismos engaños la flaqueza de su resolucion.

Le châtiment de Cholula diversement apprécié. — Réflexions de Solís sur les impénétrables jugements de Dieu.

Así pasó el castigo de Cholula, tan ponderado en los libros estrangeros y en alguno de los naturales, que consiguió por este medio el aplauso miserable de verse citado contra su nacion. Ponen esta faccion entre las atrocidades que refieren de los españoles en las Indias, de cuyo encarecimiento se valen para desaprobar ó satirizar la conquista. Quieren dar al impulso de codicia y á la sed del oro toda la gloria de lo que obraron nuestras armas, sin acordarse de que abrieron el paso á la religion, concurriendo en sus operaciones con especial asistencia el brazo de Dios. Lastímanse mucho de los indios, tratándolos como gente indefensa y sencilla, para que sobresalga lo que padecieron : maligna compasion, hija del odio y de la envidia. No necesita el caso de Cholula de mas defensa que su misma narracion. En él se conoce la malicia de aquellos bárbaros, cómo se sabian aprovechar de la fuerza y del engaño, y cuán justamente fué castigada su alevosía : y de él se puede colegir cuán apasionadamente se refieren otros casos de horrible inhumanidad, ponderados con la misma afectacion. No dejamos de conocer que se vieron en algunas partes de las Indias acciones dignas de reprension, obradas con queja de la piedad y de la razon; pero ¿ en cuál empresa justa ó santa se dejaron de perdonar algunos inconvenientes? ¿ De cuál ejército bien disciplinado se pudieron desterrar enteramente los abusos y desórdenes, que llama el mundo licencias militares? ¿ Y qué tienen que ver estos inconvenientes menores con el acierto principal de la conquista? No pueden negar los émulos de la nacion española que resultó de este principio, y se consiguió con estos instrumentos la conversion de aquella gentilidad, y el verse hoy restituida tanta parte del mundo á su criador. Querer que no fuese del agrado de Dios y de su altísima ordenacion la conquista de las Indias, por este ó aquel delito de los conquistadores, es equivocar la sustancia con los accidentes: que hasta en la obra inefable de nuestra redencion se presupuso como necesaria para la salud universal la malicia de aquellos pecadores permitidos, que ayudaron á labrar el mayor remedio con la mayor iniquidad. Puédense conocer los fines de Dios en algunas disposiciones, que traen consigo las señales de su providencia ; pero la proporcion ó congruencia de los medios por donde se encaminan es punto reservado á su eterna sabiduría, y tan escondido á la prudencia humana, que se deben oir con desprecio estos juicios apasionados, cuyas sutilezas quieren parecer valentías del entendimiento, siendo en la verdad atrevimientos de la ignorancia.

Irrésolution de Montézuma. — Désaccord de ses oracles.

Motezuma entre tanto duraba en su irresolucion, desanimado con el malogro de sus ardides, y sin aliento para usar de sus fuerzas. Hízose devocion esta falta de espíritu : estrechóse con sus dioses : frecuentaba los templos y los sacrificios : manchó de sangre humana todos sus altares : mas cruel cuando mas afligido ; y siempre crecia su confusion, y se hallaba en mayor desconsuelo : porque andaban encontradas las respuestas de sus ídolos, y discordes en el dictámen los espíritus inmundos que le hablaban en ellos. Unos le decian que franquease las puertas de la ciudad á los españoles, y así conseguiria el sacrificarlos, sin que se pudiesen escapar ni defender : otros, que los apartase de sí, y tratase de acabar con ellos sin dejarse ver : y él se inclinaba mas á esta opinion, haciéndole disonancia el atrevimiento de querer entrar en su córte contra su voluntad, y teniendo á desaire de su poder aquella porfía contra sus órdenes, ó sirviéndose de la autoridad para mejorar el nombre á la soberbia. Pero cuando supo que se hallaban ya en la provincia de Chalco, frustrado el último estratagema de la montaña, fué mayor su inquietud y su impaciencia : andaba como fuera de sí, no sabia qué partido tomar : sus consejeros le dejaban en la misma incertidumbre que sus oráculos. Convocó finalmente una junta de sus magos y agoreros : profesion muy estimada en aquella tierra, donde habia muchos que se entendian con el demonio, y la falta de las ciencias daba opinion de sabios á los mas engañados. Propúsoles que necesitaba de su habilidad para detener aquellos estrangeros, de cuyos designios estaba receloso. Mandóles que saliesen al camino y los ahuyentasen ó entorpeciesen con sus encantos, á la manera que solian obrar otros efectos estraordinarios en ocasiones de menor importancia. Ofrecióles grandes premios si lo consiguiesen, y los amenazó con pena de la vida si volviesen á su presencia sin haberlo conseguido.

Description du palais d'Iztacpalapa.

Era el palacio grande y bien fabricado, con separacion de cuartos alto y bajo, muchas salas con techumbre de cedro, y no sin adorno; porque algunas de ellas tenian sus colgaduras de algodon, tejido á colores con dibujo y proporcion. Habia en Iztacpalapa diversas fuentes de agua dulce y saludable, traida por diferentes conductos de las sierras vecinas, y muchos jardines cultivados con prolijidad : entre los cuales se hacia reparar una huerta de admirable grandeza y hermosura que tenia el cacique para su recreacion, donde llevó aquella tarde á Cortés con algunos de sus capitanes y soldados, como quien deseaba cumplir á un tiempo con el agasajo de los huéspedes, y con su propia jactancia y vanidad. Habia en ella diversos géneros de árboles fructíferos, que formaban calles muy dilatadas, dejando su lugar á las plantas menores, y un espacioso jardin, que tenia sus divisiones, y paredes hechas de cañas entretejidas, y cubiertas de yerbas olorosas, con diferentes cuadros de agricultura cuidadosa, donde hacian labor las flores con ordenada variedad. Estaba en medio un estanque de agua dulce, de forma cuadrangular : fábrica de piedra y argamasa, con gradas por todas partes hasta el fondo, tan grande, que tenia cada uno de sus lados cuatrocientos pasos, donde se alimentaba la pesca de mayor regalo, y acudian varias especies de aves palustres, algunas conocidas en Europa, y otras de figura esquisita y pluma estraordinaria : obra digna de príncipe, y que, hallada en un súbdito de Motezuma, se miraba como argumento de mayores opulencias.

Description de Mexico. — Montézuma et son cortége venant au
devant de Fernand Cortés. — Portrait de Montézuma.

La gran ciudad de Méjico, se levantaba con esceso
entre las demas, y, al parecer, se le conocia el predo-
minio hasta en la soberbia de sus edificios. Estaba poco
ántes de la ciudad un baluarte de piedra con dos castillejos á los lados, que ocupaba todo el plano de la calzada : cuyas puertas desembocaban sobre otro pedazo
de calzada, y esta terminaba en una puente levadiza,
que defendia la entrada con segunda fortificacion. Se
descubrió una calle muy larga y espaciosa, de grandes
casas edificadas con igualdad y correspondencia, cubiertos de gente los miradores y terrados ; pero la calle totalmente desocupada : y dijeron á Cortés que se habia
despejado cuidadosamente, porque Motezuma estaba en
ánimo de salir á recibirle para mayor demostracion de su
benevolencia.

Poco despues se fué dejando ver la primera comitiva
real, que serian hasta doscientos nobles de su familia,
vestidos de librea con grandes penachos conformes en la
hechura y el color. Venian en dos hileras con notable silencio y compostura, descalzos todos, y sin levantar los
ojos de la tierra : acompañamiento con apariencias de
procesion. Luego que llegaron cerca del ejército, se fueron arrimando á las paredes en la misma órden ; y se
vió á lo léjos una gran tropa de gente mejor adornada y
de mayor dignidad, en cuyo medio venia Motezuma sobre
los hombros de sus favorecidos en unas andas de oro bruñido, que brillaba con proporcion entre diferentes labores de pluma sobrepuesta, cuya primorosa distribucion
procuraba oscurecer la riqueza con el artificio. Seguian
el paso de las andas cuatro personages de gran suposicion, que le llevaban debajo de un palio hecho de plumas
verdes entretejidas y dispuestas de manera que formaban

tela, con algunos adornos de argentería : y poco delante iban tres magistrados con unas varas de oro en las manos, que levantaban en alto sucesivamente, como avisando que se acercaba el rey, para que se humillasen todos, y no se atreviesen á mirarle : desacato que se castigaba como sacrilegio. Cortés se arrojó del caballo poco ántes que llegase, y al mismo tiempo se apeó Motezuma de sus andas, y se adelantaron algunos indios que alfombraron el camino para que no pusiese los pies sobre la tierra, que, á su parecer, era indigna de sus huellas.

Era de buena presencia : su edad hasta cuarenta años, de mediana estatura, mas delgado que robusto : el rostro aguileño, de color ménos oscuro que el natural de aquellos indios : el cabello largo hasta el estremo de la oreja, los ojos vivos, y el semblante magestuoso, con algo de intencion : su trage un manto de sutilísimo algodon, anudado sin desaire sobre los hombros, de manera que cubria la mayor parte del cuerpo, dejando arrastrar la falda. Traia sobre sí diferentes joyas de oro, perlas y piedras preciosas en tanto número, que servian mas al peso que al adorno. La corona una mitra de oro ligero, que por delante remataba en punta, y la mitad posterior algo mas obtusa se inclinaba sobre la cerviz : y el calzado unas suelas de oro macizo, cuyas correas tachonadas de lo mismo ceñian el pie, y abrazaban parte de la pierna, semejante á las cáligas militares de los romanos.

Date de l'entrée des Espagnols dans Mexico. — Logement qui leur avait été préparé.

Fué la entrada en esta ciudad á ocho de noviembre del mismo año de mil y quinientos y diez y nueve, dia de los santos cuatro coronados mártires : y el alojamiento que tenian prevenido, una de las casas reales que fabricó Ajayaca, padre de Motezuma. Competia en la grandeza con el palacio principal de los reyes, y tenia sus presunciones de fortaleza : paredes gruesas de piedra, con algunos tórreones que servian de traveses, y daban facilidad á la defensa. Cupo en ella todo el ejército : y la primera diligencia de Cortés fué reconocerla por todas partes, para distribuir sus guardias, alojar su artillería, y cerrar su cuartel. Algunas salas, que tenian destinadas para la gente de mas cuenta, estaban adornadas con sus tapicerías de varios colores, hechas de aquel algodon á que se reducian todas sus telas, mas ó ménos delicadas : las sillas de madera labradas de una pieza : las camas entoldadas con sus colgaduras en forma de pabellones; pero el lecho se componia de aquellas sus esteras de palma, donde servia de cabecera una de las mismas esteras arrollada. No alcanzaban allí mejor cama los príncipes mas regalados, ni cuidaba mucho aquella gente de su comodidad, porque vivian á la naturaleza, contentándose con los remedios de la necesidad : y no sabemos si se debe llamar felicidad en aquellos bárbaros esta ignorancia de las superfluidades.

Montézuma vient rendre visite à Cortés. — Discours qu'il lui adresse.

« Antes que me deis la embajada, ilustre capitan y valerosos estrangeros, del príncipe grande que os envia, debeis vosotros, y debo yo desestimar y poner en olvido lo que ha divulgado la fama de nuestras personas y costumbres, introduciendo en nuestros oidos aquellos vanos rumores que van delante de la verdad, y suelen oscurecerla, declinando en lisonja ó vituperio. En algunas partes os habrán dicho de mí que soy uno de los dioses inmortales, levantando hasta los cielos mi poder y mi naturaleza : en otras, que se desvela en mis opulencias la fortuna : que son de oro las paredes y los ladrillos de mis palacios, y que no cabe la tierra mis tesoros ; y en otras, que soy tirano, cruel y soberbio, que aborrezco la justicia, y que no conozco la piedad. Pero los unos y los otros os han engañado con igual encarecimiento : y para que no imagineis que soy alguno de los dioses, ó conozcais el desvario de los que asi me imaginan, esta porcion de mi cuerpo (y desnudó parte del brazo) desengañará vuestros ojos de que hablais con un hombre mortal de la misma especie; pero mas noble y mas poderoso que los otros hombres. Mis riquezas no niego que son grandes; pero las hace mayores la exageracion de mis vasallos. Esta casa que habitais es uno de mis palacios. Mirad esas paredes hechas de piedra y cal, materia vil que debe al arte su estimacion; y colegid de uno y otro el mismo engaño y el mismo encarecimiento en lo que os hubieren dicho de mis tiranias, suspendiendo el juicio hasta que os entereis de mi razon, y despreciando ese lenguaje de mis rebeldes, hasta que veais si es castigo lo que llaman infelicidad, y si pueden acusarle sin dejar de merecerle. No de otra suerte han llegado á nuestros oidos varios informes de vuestra naturaleza y operaciones. Algunos han dicho que sois deidades, que os obedecen las fieras, que manejais los rayos, y que mandais en los elementos: y otros, que sois facinerosos, iracundos y soberbios, que os dejais dominar de los vicios, y que venis con una sed insaciable del oro que produce nuestra tierra. Pero ya veo que sois hombres de la misma composicion y masa que los demas; aunque os diferencian de nosotros algunos accidentes de los que suele influir el temperamento de la tierra en los mortales. Esos brutos que os obedecen, ya conozco que son unos venados grandes, que traeis domesticados y embebidos en aquella doctrina imperfecta que puede comprender el instinto de los animales. Esas armas que se asemejan á los rayos, tambien alcanzo que son unos cañones de metal no conocido, cuyo efecto es como él de nuestras cerbatanas, aire oprimido que busca salida, y arroja el impedimento. Ese fuego que despiden con mayor estruendo, será cuando mucho algun secreto mas que natural de la misma ciencia que alcanzan nues-

tros magos. Y en lo demas que han dicho de vuestro proceder, hallo tambien, segun la observacion que han hecho de vuestras costumbres mis embajadores y confidentes,
que sois benignos y religiosos, qne os enojais con razon,
que sufris con alegria los trabajos, y que no falta entre
vuestras virtudes la liberalidad, que se acompaña pocas
veces con la codicia. De suerte que unos y otros debemos
olvidar las noticias pasadas, y agradecer á nuestros ojos
el desengaño de nuestra imaginacion : con cuyo presupuesto quiero que sepais ántes de hablarme, que no se
ignora entre nosotros, ni necesitamos de vuestra persua-
sion para creer que el príncipe grande, á quien obedeceis,
es descendiente de nuestro antiguo Quezalcoal, señor de
las siete cuevas de los Nauatlacas, y rey legitimo de aquellas siete naciones que dieron principio al imperio mejicano. Por una profecia suya, que veneramos como verdad infalible, y por la tradicion de los siglos que se
conserva en nuestros anales, sabemos que salió de estas
regiones á conquistar nuevas tierras hácia la parte del
oriente, y dejó prometido que andando el tiempo vendrian
sus descendientes á moderar nuestras leyes, ó poner en
razon nuestro gobierno. Y porque las señas que traeis
conforman con este vaticinio, y el príncipe del oriente
que os envia manifiesta en vuestras mismas hazañas la
grandeza de tan ilustre progenitor, tenemos ya determi-
nado que se haga en obsequio suyo todo lo que alcanza-
rén nuestras fuerzas. De que me ha parecido advertiros
para que hableis sin embarazo en sus proposiciones, y
atribuyais á tan alto principio estos escesos de mi humanidad. »

Réponse de Fernand Cortés à Montézuma.

« Despues, señor, de rendiros las gracias por la suma
benignidad con que permitis vuestros oidos á nuestra
embajada, y por el superior conocimiento con que nos

habeis favorecido, menospreciando en nuestro abono los siniestros informes de la opinion, debo deciros que tambien acerca de nosotros se ha tratado la vuestra con aquel respeto y veneracion que corresponde á vuestra grandeza. Mucho nos han dicho de vos en esas tierras de vuestro dominio, unos afeando vuestras obras, y otros poniendo entre sus dioses vuestra persona; pero los encarecimientos crecen ordinariamente con injuria de la verdad : que como es la voz de los hombres el instrumento de la fama, suele participar de sus pasiones; y estas ó no entienden las cosas como son, ó no las dicen como las entienden. Los españoles, señor, tenemos otra vista con que pasamos á discernir el color de las palabras, y por ellas el semblante del corazon. Ni hemos creido á vuestros rebeldes, ni á vuestros lisonjeros : con certidumbre de que sois príncipe grande, y amigo de la razon, venimos á vuestra presencia, sin necesitar de los sentidos para conocer que sois príncipe mortal. Mortales somos tambien los españoles, aunque mas valerosos, y de mayor entendimiento que vuestros vasallos, por haber nacido en otro clima de mas robustas influencias. Los animales que nos obedecen no son como vuestros venados, porque tienen mayor nobleza y ferocidad : brutos inclinados á la guerra, que saben aspirar con alguna especie de ambicion á la gloria de su dueño. El fuego de nuestras armas es obra natural de la industria humana, sin que tenga parte alguna en su produccion esa facultad que profesan vuestros magos, ciencia entre nosotros abominable, y digna de mayor desprecio que la misma ignorancia : con cuya suposicion, que me ha parecido necesaria para satisfacer á vuestras advertencias, os hago saber con todo el acatamiento debido á vuestra magestad, que vengo á visitaros como embajador del mas poderoso monarca que registra el sol desde su nacimiento : en cuyo nombre os propongo que desea ser vuestro amigo y confederado sin acordarse de los derechos antiguos que habeis referido para otro fin que abrir el comercio entre ambas monarquías, y conseguir por este medio vuestra comunicacion y vuestro desengaño. Y aunque pudiera, segun la tradicion de vuestras mismas historias, aspirar á mayor reconocimiento en estos dominios, solo quiere usar de su autoridad para que le creais en lo mismo que os conviene, y daros á entender que vos, señor, y vosotros, mejicanos que me ois (volviendo el rostro á los circunstantes), vivis engañados en la religion que profesais, adorando unos leños insensibles, obra de vuestras manos y de vuestra fantasia : porque solo hay un Dios verdadero, principio eterno, sin principio ni fin, de todas las cosas : cuya omnipotencia infinita crió de nada esa fábrica maravillosa de los cielos, el sol que nos alumbra, la tierra que nos sustenta, y el primer hombre, de quien procedemos todos con igual obligacion de reconocer y adorar á nuestra primera causa. Esta misma obligacion teneis vosotros impresa en el alma; y conociendo su inmortalidad, la desestimais y destruis, dando adoracion á los demonios, que son unos espíritus inmundos, criaturas del mismo Dios, que por su ingratitud y rebeldía fueron lanzados en ese fuego subterráneo, de que teneis alguna imperfecta noticia en el horror de vuestros volcanes. Estos, que por su envidia y malignidad son enemigos mortales del género humano, solicitan vuestra perdicion, haciéndose adorar en esos ídolos abominables : suya es la voz que alguna vez escuchais en las respuestas de vuestros oráculos, y suyas las ilusiones con que suele introducir en vuestro entendimiento los errores de la imaginacion. Ya conozco, señor, que no son de este lugar los misterios de tan alta enseñanza; pero solamente os amonesta ese mismo rey, á quien reconoceis tan antigua superioridad, que nos oigais en este punto con ánimo indiferente, para que veais como descansa vuestro espíritu en la verdad que os anunciamos, y cuantas veces habeis resistido á la razon natural, que os daba luz suficiente para conocer vuestra ceguedad. Esto es lo primero que desea de vuestra magestad el rey mi señor, y esto lo principal que os propone, como el medio mas eficaz para que pueda estrecharse con durable amistad la confederacion de ambas coronas, y no falten á su firmeza los fundamentos de la religion, que, sin dejar alguna discordia en los dictámenes, introduzcan en el ánimo los vínculos de la voluntad. »

Description du palais de Montézuma. — Réception de Cortés et des Espagnols. — Détails sur l'entrevue.

Dejóse ver á larga distancia el palacio de Motezuma, que manifestaba, no sin encarecimiento, la magnificencia de aquellos reyes : edificio tan desmesurado, que se mandaba por treinta puertas á diferentes calles. La fachada principal, que ocupaba toda la frente de una plaza muy espaciosa, era de varios jaspes negros, rojos y blancos, de no mal entendida colocacion y pulimento. Sobre la portada se hacian reparar en un escudo grande las armas de los Motezumas : un grifo medio águila y medio leon, en ademan de volar, con un tigre feroz entre las garras. Algunos quieren que fuese águila, y se ponen de propósito á impugnar el grifo con la razon de que no los hay en aquella tierra, como si no se pudiese dudar si los hay en el mundo, segun los autores que los pusieron entre las aves fabulosas. Diriamos ántes que pudo inventar acá y allá este género de monstruos el desvarío artificioso, que llaman licencia los poetas, y valentía los pintores.

Al llegar cerca de la puerta principal se encaminaron hácia el uno de sus lados los ministros del acompañamiento, y retirándose atras con pasos de gran misterio, formaron un semicírculo para llegar á la puerta de dos en dos : ceremonia de su costumbre, porque tenian á falta de respeto el entrar de tropel en la casa real, y reconocian con este desvío la dificultad de pisar aquellos umbrales. Pasados tres patios de la misma fábrica y materia que la fachada, llegaron al cuarto donde residia Motezuma, en cuyos salones era de igual admiracion la grandeza y el adorno. Los pavimentos con esteras de vários labores : las paredes con diferentes colgaduras de algodon, pelo de conejo, y en lo mas interior de pluma : unas y otras hermoseadas con la viveza de.los cólores, y con la diferencia de las figuras. Los techos de cipres, cedro y otras maderas olorosas, con diversos follages y relieves : en cuya contestura se reparó que sin haber hallado el uso de los clavos, formaban grandes artesones, afirmando el maderámen y las tablas en su misma trabazon.

Habia en cada una de estas salas diferentes y numerosas gerarquías de criados, que tenian la entrada segun su calidad y ministerio : y en la puerta de la antecámara esperaban los próceres y magistrados, que recibieron á Cortés con grande urbanidad; pero le hicieron esperar para quitarse las sandalias, y dejar los mantos ricos de que venian adornados, tomando en su lugar otros de ménos gala. Era entre aquella gente irreverencia el atreverse á lucir delante del rey. Todo lo reparaban los españoles, todo hacia novedad, y todo infundia respeto : la grandeza del palacio, las ceremonias, el aparato, y hasta el silencio de la familia.

Estaba Motezuma en pie con todas sus insignias reales, y dió algunos pasos para recibir á Cortés, poniéndole al llegar los brazos sobre los hombros : agasajó despues con el semblante á los españoles que lo acompañaban; y tomando su asiento, mandó sentar á Cortés y á todos los demas, sin dejarles accion para que replicasen. La visita fué larga, y de conversacion familiar : hizo varias preguntas á Cortés sobre lo natural y político de las regiones orientales, aprobando á tiempo lo que le parecia bien, y mostrando que sabia discurrir en lo que sabia dudar. Volvió á referir la dependencia y obligacion que tenian los mejicanos al descendiente de su primero rey; y se congratuló muy particularmente de que se hubiese cumplido en su tiempo la profecía de los estrangeros que tantos siglos ántes habian sido prometidos á sus mayores.

Si fué con afectacion, supo esconder lo que sentia : y siendo esta una credulidad vana y despreciable por su orígen y circunstancias, importó mucho en aquella ocasion para que los españoles hallasen hecho el camino á su introduccion. Así bajan muchas veces encadenados y dependientes de ligeros principios las cosas mayores. Hernan Cortés le puso con destreza en la plática de la religion, tocando, entre las demas noticias que le daba de su nacion, los ritos y costumbres de los cristianos, para que le hiciesen disonancia los vicios y abominaciones de su idolatría : con cuya ocasion esclamó contra los sacrificios de sangre humana, y contra el horror aborrecible á la naturaleza, con que se comian los hombres que sacrificaban : bestialidad muy introducida en aquella córte, por ser mayor el número de los sacrificados; y mas culpable por esta razon el esceso de los banquetes.

No fué del todo inútil esta sesion, porque Motezuma, sintiendo en algo la fuerza de la razon, desterró de su mesa los platos de carne humana; pero no se atrevió á prohibir de una vez este manjar á sus vasallos, ni se dió por vencido en el punto de los sacrificios; ántes decia que no era crueldad ofrecer á sus dioses unos prisioneros de guerra que venian ya condenados á muerte, no hallando razon que le hiciese capaz de que fuesen prójimos los enemigos.

Description de la cité de Mexico. — Sa situation. — La grande lagune. — Les digues, les rues. — Les édifices publics. — Ses foires, ses marchés. — Objets de vente. — Juges de commerce. — Les temples. — L'idole Vitzilipuztli. — Les sacrifices humains.

La gran ciudad de Méjico, que fué conocida en su antigüedad por el nombre de Tenuchtitlan, ó por otros de poco diferente sonido (sobre cuya denominacion se cansan voluntariamente los autores), tendria en aquel tiempo sesenta mil familias de vecindad repartida en dos barrios, de los cuales se llamaba el uno Tlatelulco, habitacion de gente popular, y el otro Méjico, que por residir en él la córte y la nobleza, dió su nombre á toda la poblacion.

Estaba fundaba en un plano muy espacioso, coronado por todas partes de altísimas sierras y montañas, de cuyos rios y vertientes rebalsadas en el valle se formaban diferentes lagunas, y en lo mas profundo los dos lagos mayores, que ocupaba con mas de cincuenta poblaciones la nacion mejicana. Tendria este pequeño mar treinta leguas de circunferencia, y los dos lagos que formaban se unian y comunicaban entre sí por un dique de piedra que los dividia, reservando algunas aberturas con puentes de madera, en cuyos lados tenian sus compuertas levadizas para cebar el lago inferior siempre que necesitaban de socorrer la mengua del uno con la redundancia del otro. Era el mas alto de agua dulce y clara, donde se hallaban algunos pescados de agradable mantenimiento: y el otro de agua salobre y oscura, semejante á la marítima; no porque fuesen de otra calidad las vertientes de que se alimentaba, sino por vicio natural de la misma tierra donde se detenian, gruesa y salitrosa por aquel parage; pero de grande utilidad para la fábrica de la sal que beneficiaban cerca de sus orillas, purificando al sol, y adelgazando con el fuego las espumas y superfluidades que despedia la resaca.

En el medio casi de esta laguna salobre tenia su asiento la ciudad, cuya situacion se apartaba de la línea equinoccial hácia el norte diez y nueve grados y trece minutos, dentro aun de la tórrida zona, que imaginaron de fuego inhabitable los filósofos antiguos: para que aprendiese nuestra esperiencia cuan poco se puede fiar de la humana sabiduría en todas aquellas noticias que no entran por los sentidos á desengañar el entendimiento. Era su clima benigno y saludable, donde se dejaban conocer á su tiempo el frio y el calor, ambos con moderada intension: y la humedad, que por la naturaleza del sitio pudiera ofender

á la salud, estaba corregida con el favor de los vientos,
ó morigerada con el beneficio del sol.

Tenia hermosísimos léjos en medio de las aguas esta
gran poblacion, y se daba la mano con la tierra por sus
diques ó calzadas principales: fábrica suntuosa, que servia tanto al ornamento como á la necesidad: la una, de
dos leguas hácia la parte del mediodia, por donde hicieron su entrada los españoles: la otra, de una legua, mirando al setentrion: y la otra, poco menor, por la parte
occidental. Eran las calles bien niveladas y espaciosas:
unas de agua con sus puentes para la comunicacion de los
vecinos; otras de tierra sola hechas á la mano; y otras
de agua y tierra, los lados para el paso de la gente, y el
medio para el uso de las canoas ó barcas de tamaños diferentes, que navegaban por la ciudad, ó servian al comercio: cuyo número toca en increible; pues dicen que
tendria Méjico entónces mas de cincuenta mil, sin otras
embarcaciones pequeñas, que allí se llamaban acales,
hechas de un tronco, y capaces de un hombre que remaba
para sí.

Los edificios públicos y casas de los nobles, de que se
componia la mayor parte de la ciudad, eran de piedra, y
bien fabricadas: las que ocupaba la gente popular, humildes y desiguales; pero unas y otras en tal disposicion,
que hacian lugar á diferentes plazas de terraplen, donde
tenian sus mercados.

Era entre todas la del Tlatelulco de admirable capacidad y concurso, á cuyas ferias acudian ciertos dias en el
año todos los mercaderes y comerciantes del reino con lo
mas precioso de sus frutos y manufacturas; y solian concurrir tantos, que siendo esta plaza, segun dice Antonio
de Herrera, uno de las mayores del mundo, se llenaba de
tiendas puestas en hileras, y tan apretadas, que apénas
dejaban calle á los compradores. Conocian todos su puesto,
y armaban su oficina de bastidores portátiles, cubiertos
de algodon basto, capaz de resistir al agua y al sol. No
acaban de ponderar nuestros escritores el órden, la va-

riedad y la riqueza de estos mercados. Habia hileras de plateros, donde se vendian joyas y cadenas estraordinarias, diversas hechuras de animales, y vasos de oro y plata labrados con tanto primor, que algunos de ellos dieron que discurrir á nuestros artífices : particularmente unas calderillas de asas movibles, que salian así de la fundicion, y otras piezas del mismo género, donde se hallaban molduras y relieves, sin que se conociese impulso de martillo, ni golpe de cincel. Habia tambien hileras de pintores, con raras ideas y paises de aquella interposicion de plumas que daba el colorido, y animaba la figura, en cuyo género se hallaron raros aciertos de la paciencia y la prolijidad. Venian tambien á este mercado cuantos géneros de telas se fabricaban en todo el reino para diferentes usos, hechas de algodon y pelo de conejo, que hilaban delicadamente las mugeres, enemigas en aquella tierra de la ociosidad, y aplicadas al ingenio de las manos. Eran muy de reparar los búcaros y hechuras esquisitas de finísimo barro que traian á vender, diverso en el color y en la fragrancia, de que labraban con primor estraordinario cuantas piezas y vasijas son necesarias para el servicio y el adorno de una casa : porque no usaban de oro ni de plata en sus vajillas, profusion que solo era permitida en la mesa real, y esto en dias muy señalados. Hallábanse con la misma distribucion y abundancia los mantenimientos, las frutas, los pescados, y finalmente cuantas cosas hizo venales el deleite y la necesidad.

Hacianse las compras y ventas por via de permutacion, con que daba cada uno lo que le sobraba por lo que habia menester : y el maiz ó el cacao servia de moneda para las cosas menores. No se gobernaban por el peso, ni lo conocieron ; pero tenian diferentes medidas con que distinguir las cantidades, y sus números ó caractéres con que ajustar los precios segun sus tasaciones.

Habia casa diputada para los jueces del comercio, en cuyo tribunal se decidian las diferencias de los comer-

ciantes ; y otros ministros inferiores, que andaban entre
la gente cuidando de la igualdad de los contratos, y llevaban al tribunal las causas de fraude ó esceso que necesitaban de castigo. Admiraron justamente nuestros
españoles la primera vista de este mercado por su abundancia, por su variedad, y por el órden y concierto con
que estaba puesta en razon aquella muchedumbre : apa-
rador verdaderamente maravilloso, en que se venian de
una vez á los ojos la grandeza y el gobierno de aquella
córte.

Los templos (si es lícito darles este nombre) se levantaban suntuosamente sobre los demas edificios : y el mayor, donde residia la suma dignidad de aquellos inmundos sacerdotes, estaba dedicado al ídolo Viztzilipuztli, que
en su lengua significaba dios de la guerra, y le tenian por
el supremo de sus dioses : primacía de que se infiere
cuanto se preciaba de militar aquella nacion. El vulgo de
los soldados españoles le llamaba Huchilobos, tropezando
en la pronunciacion : y así le nombra Bernal Diaz del
Castillo, hallando en la pluma la misma dificultad. No-
tablemente discuerdan los autores en la descripcion de
este soberbio edificio. Antonio de Herrera se conforma
demasiado con Francisco Lopez de Gómara : los que le
vieron entónces tenian otras cosas en el cuidado, y los
demas tiraron las líneas á la voluntad de su consideracion. Seguimos al padre Josef de Acosta, y á otros autores de los mejor informados.

Su primera mansion era una gran plaza en cuadro,
con su muralla de sillería, labrada por la parte de afuera
con diferentes lazos de culebras encadenadas, que daban
horror al pórtico, y estaban allí con alguna propiedad.
Poco ántes de llegar á la puerta principal estaba un hu-
milladero no ménos horroroso. Era de piedra con treinta
gradas de lo mismo que subian á lo alto, donde habia un
género de azutea prolongada, y fijos en ella muchos troncos de crecidos árboles puestos en hilera : tenian estos
sus taladros iguales á poca distancia, y por ellos pasaban

·de un árbol á otro diferentes varas, ensartando cada una
por las sienes algunas calaveras de hombres sacrificados,
cuyo número, que no se puede referir sin escándalo, tenian siempre cabal los ministros del templo, renovando
las que padecian algun destrozo con el tiempo. Lastimoso
trofeo, en que manifestaba su rencor el enemigo del hombre : y aquellos bárbaros le tenian á la vista sin algun
remordimiento de la naturaleza, hecha devocion la inhumanidad, y 'desaprovechada en la costumbre de los ojos
la memoria de la muerte.

Tenia la plaza cuatro puertas correspondientes en sus
cuatro lienzos que miraban á los cuatro vientos principales. En lo alto de las portadas habia cuatro estátuas
de piedra, que señalaban el camino, como despidiendo á
los que se acercaban mal dispuestos : y tenian su presuncion de dioses liminares, porque recibian algunas reverencias á la entrada. Por la parte interior de la muralla
estaban las habitaciones de los sacerdotes y dependientes
de su ministerio, con algunas oficinas que corrian todo
el ámbito de la plaza sin ofender el cuadro, dejándola tan
capaz, que solian bailar en ella ocho y diez mil personas
cuando se juntaban á celebrar sus festividades.

Ocupaba el centro de esta plaza una gran máquina de
piedra, que á cielo descubierto se levantaba sobre las
torres de la ciudad, creciendo en diminucion hasta formar
una media pirámide, los tres lados pendientes, y en el
otro labrada la escalera : edificio suntuoso y de buenas
medidas, tan alto que tenia ciento y veinte gradas la escalera, y tan corpulento que terminaba en un plano de
cuarenta pies en cuadro, cuyo pavimento enlosado primorosamente de varios jaspes guarnecia, por todas partes, un pretil con sus almenas retorcidas á manera de caracoles, formado por ambas hazes de unas piedras negras
semejantes al azabache, puestas con órden, y unidas con
betunes blancos y rojos que adornaban mucho el edificio.

Sobre la division del pretil, donde terminaba la escalera, estaban dos estátuas de mármol, que sustentaban,

imitando bien la fuerza de los brazos, unos grandes candeleros de hechura estraordinaria: mas adelante una losa verde, que se levantaba cinco palmos del suelo, y remataba en esquina, donde afirmaban por las espaldas al miserable que habian de sacrificar, para sacarle por los pechos el corazon: y en la frente una capilla de mejor fábrica y materia, cubierta por lo alto con su techumbre de maderas preciosas, donde tenian el ídolo sobre un altar muy alto, y detras de cortinas. Era de figura humana, y estaba sentado en una silla con apariencias de trono, fundada sobre un globo azul que llamaban cielo, de cuyos lados salian cuatro varas con cabezas de sierpes, á que aplicaban los hombros para conducirle cuando le manifestaban al pueblo. Tenia sobre la cabeza un penacho de plumas varias en forma de pájaro con el pico y la cresta de oro bruñido; el rostro de horrible severidad, y mas afeado con dos fajas azules, una sobre la frente, y otra sobre la nariz; en la mano derecha una culebra ondeada que le servia de baston, y en la izquierda cuatro saetas, que veneraban como traidas del cielo, y una rodela con cinco plumages blancos puestos en cruz, sobre cuyos adornos, y la significacion de aquellas insignias y colores decian notables desvaríos con lastimosa ponderacion.

Al lado siniestro de esta capilla estaba otra de la misma hechura y tamaño con un ídolo que llamaban Tlaloch, en todo semejante á su compañero. Teníanlos por hermanos, y tan amigos, que dividian entre sí los patrocinios de la guerra, iguales en el poder, y uniformes en la voluntad: por cuya razon acudian á entrambos con una víctima y un ruego, y les daban las gracias de los succesos, teniendo en equilibrio la devocion.

El ornato de ambas capillas era de inestimable valor, colgadas las paredes, y cubiertos los altares de joyas y piedras preciosas puestas sobre plumas de colores. Y habia de este género y opulencia ocho templos en aquella ciudad, siendo los menores mas de dos mil, donde se adoraban otros tantos ídolos diferentes en el nombre, figura y advocacion. Apénas habia calle sin su dios tutelar; ni se conocia calamidad entre las pensiones de la naturaleza que no tuviese altar donde acudir por el remedio. Ellos se fingian y fabricaban sus dioses de su mismo temor, sin conocer que enflaquecian el poder de los unos con lo que fiaban de los otros : y el demonio ensanchaba su dominio por instantes, violentísimo tirano de aquellos racionales, y en pacífica posesion de tantos siglos. ¡O permisiones inescrutables del Altísimo !

Description des palais de Montézuma, indices de sa grandeur. — Ses fabriques d'armes. — Ses jardins botaniques. — Le palais de la tristesse. — Les maisons d'agrément.

No se conocia ménos la grandeza de Motezuma en otras dos casas que ocupaba su armería. Era la una para la fábrica, y la otra para el depósito de las armas. En la primera vivian y trabajaban todos los maestros de esta facultad, distribuidos en diferentes oficinas, segun sus ministerios : en una parte se adelgazaban las varas para las flechas : en otra se labraban los pedernales para las puntas : y cada género de armas ofensivas y defensivas tenia su obrador y sus oficiales distintos, con algunos superintendentes que llevaban á su modo la cuenta y razon de lo que se trabajaba. La otra casa, cuyo edificio tenia mayor representacion, servia de almacen donde se recogian las armas despues de acabadas, cada género en pieza distinta : y de allí se repartian á los ejércitos y fronteras, segun la ocurrencia de las ocasiones. En lo alto se guardaban las armas de la persona real colgadas por las paredes con buena colocacion : en una pieza los arcos, flechas y aljabas, con varios embutidos y labores de oro y pedrería : en otra las espadas y montantes de madera estraordinaria con sus filos de pedernal, y la misma riqueza en las empuñaduras : en otra los dardos, y así los demas géneros, tan adornados y resplandecientes, que daban que reparar hasta las hondas y las piedras. Habia diferentes hechuras de petos y celadas con láminas y follages de oro, muchas casacas de aquellos colchados que resistian á las flechas, hermosas invenciones de rodelas ó escudos, y un género de paveses ó adargas de pieles impenetrables que cubrian todo el cuerpo, y hasta la ocasion de pelear andaban arrolladas al hombro izquierdo. Fué de admiracion á los españoles esta grande armería, que pareció tambien alhaja de príncipe, y príncipe guerrero, en que se acreditaban igualmente su opulencia y su inclinacion.

En todas estas casas tenia grandes jardines prolijamente cultivados. No gustaba de árboles fructíferos, ni plantas comestibles en sus recreaciones; ántes solia decir que las huertas eran posesiones de gente ordinaria, pareciéndole mas propio en los príncipes el deleite sin mezcla de utilidad. Todo era flores de rara diversidad y fragrancia, y yerbas medicinales, que servian á los cuadros y cenadores : de cuyo beneficio cuidaba mucho, haciendo traer á sus jardines cuantos géneros produce la benignidad de aquella tierra, donde no aprendian los físicos otra facultad que la noticia de sus nombres, y el conocimiento de sus virtudes. Tenian yerbas para todas las enfermedades y dolores, de cuyos zumos y aplicaciones componian sus remedios, y lograban admirables efectos, hijos de la esperiencia, que sin distinguir la causa de la enfermedad, acertaban con la salud del enfermo. Repartíanse francamente de los jardines del rey todas las yerbas que recetaban los médicos, ó pedian los dolientes; y solia preguntar si aprovechaban, hallando vanidad en sus medicinas, ó persuadido á que cumplia con la obligacion del gobierno cuidando así de la salud de sus vasallos.

En todos estos jardines y casas de recreacion habia muchas fuentes de agua dulce y saludable, que traian de los montes vecinos guiada por diferentes canales, hasta encontrar con las calzadas, donde se ocultaban los encañados que la introducian en la ciudad : para cuya provision se dejaban algunas fuentes públicas, y se permitia,

no sin tríbuto considerable, que los indios vendiesen por
las calles la que podian conducir de otros manantiales.
Creció mucho en tiempo de Motezuma el beneficio de las
fuentes, porque fué suya la obra del gran conducto por
donde vienen á Méjico las aguas vivas que se descubrieron
en la sierra de Chapultepec, distante una legua de la ciudad. Hizose primero de su órden y traza un estanque de
piedra donde recogerlas, midiendo su altura con la decli-
nacion que pedia la corriente ; y despues un paredon
grueso con dos canales descubiertas de fuerte argamasa,
de las cuales servia la una miéntras se limpiaba la otra:
fábrica de grande utilidad, cuya invencion le dejó tan va-
naglorioso, que mandó poner su efigie y la de su padre,
no sin alguna semejanza, esculpidas en dos medallas de
piedra, con ambicion de hacerse memorable por aquel
beneficio de su ciudad.

Uno de los edificios que hizo mayor novedad entre las
obras de Motezuma fué la casa que llamaban de la tristeza, donde solia retirarse cuando se morian sus parientes, y en otras ocasiones de calamidad ó mal suceso que
pidiese pública demostracion. Era de horrible arquitectura, negras las paredes, los techos y los adornos, y tenia
un género de claraboyas ó ventanas pequeñas que daban
penada la luz, ó permitian solamente la que bastaba para
que se viese la oscuridad. Formidable habitacion, donde
se detenia todo lo que tardaba en despedir sus quebran-
tos, y donde se le aparecia con mas facilidad el demonio:
fuese por lo que ama los horrores el principe de las tinieblas, ó por la congruencia que tienen entre sí el espíritu maligno y el humor melancólico.

Fuera de la ciudad tenia grandes quintas y casas de
recreacion con muchas y copiosas fuentes que daban agua
para los baños, y estanques para la pesca : en cuya vecindad habia diferentes bosques para diferentes géneros de
caza, ejercicio que frecuentaba y entendia, manejando con
primor el arco y la flecha. Era la montería su principal
divertimiento, y solia muchas veces salir con sus nobles

á un parque muy espacioso y ameno, cuyo distrito estaba cercado por todas partes con un foso de agua, donde le traian y encerraban las reses de los montes vecinos: entre las cuales solian venir algunos tigres y leones. Habia gente señalada en Méjico y en otros lugares del contorno que se adelantaba para estrechar y conducir las fieras al sitio destinado, siguiendo casi en estas batidas el estilo de nuestros monteros. Tenian aquellos indios méjicanos grande osadía y agilidad en perseguir y sujetar los animales mas feroces : y Motezuma gustaba mucho de mirar el combate de sus cazadores, y lograr algunos tiros, que se aplaudian como aciertos de mayor importancia. Nunca se apeaba de sus andas si no es cuando se ponia en algun lugar eminente, y siempre con bastante circunvalacion de chuzos y flechas que asegurasen su persona; no porque le faltase valor, ni dejase de aventajar á todos en la destreza, sino porque miraba como indignos de su magestad aquellos riesgos voluntarios : pareciéndole (y no sin conocimiento de su dignidad) que solo eran decentes para el rey los peligros de la guerra.

Service du palais à la cour de Montézuma.

Era correspondiente á la suntuosidad y soberbia de sus edificios el fausto de su casa, y los aparatos de que adornaba su persona, para mantener la reverencia y el temor de sus vasallos : á cuyo fin inventó nuevas ceremonias y superfluidades, emendando como defecto la humanidad con que se trataron hasta él los reyes mejicanos. Aumentó, como dijimos, en los principios de su reinado el número, la calidad y el lucimiento de la familia real, componiéndola de gente noble, mas ó ménos ilustre, segun los ministerios de su ocupacion : punto que resistieron entónces sus consejeros, representándole que no convenia desconsolar al pueblo con escluirle totalmente de su servicio; pero él ejecutó lo que le aconsejaba su vanidad : y era una de sus máximas, que los príncipes debian favorecer desde léjos á la gente sin obligaciones, y considerar que no se hicieron los beneficios de la confianza para los ánimos plebeyos.

Tenia dos géneros de guardias, una de gente militar, y tan numerosa, que ocupaba los patios, y repartia diferentes escuadras á las puertas principales; y otra de caballeros, cuya introduccion fué tambien de su tiempo : constaba de hasta doscientos hombres de calidad conocida, y estos entraban todos los dias en palacio con el mismo fin de guardar la persona real y asistir á su cortejo. Estaba repartido por turnos con tiempo señalado este servicio de los nobles, y se iban mudando con tal disposicion, que comprendia toda la nobleza, no solo de la ciudad, sino del reino : y venian á cumplir con esta obligacion, cuando les tocaba el turno, desde las ciudades mas remotas. Era su asistencia en las antecámaras, donde comian de lo que sobraba en la mesa del rey. Solia permitir que entrasen algunos en su cámara, mandándolos llamar, no tanto por favorecerlos, como para saber si asistian, y tenerlos á todos en cuidado. Jactábase de haber introducido este género de guardia, y no sin alguna política mas que vulgar; porque solia decir á sus ministros que lo servia de tener en algun ejercicio la obediencia de los nobles para enseñarlos á vivir dependientes, y de conocer los sugetos de su reino para emplearlos segun su capacidad.

Comment Montézuma donnait ses audiences.

Sus audiencias no eran fáciles ni frecuentes; pero duraban mucho, y se adornaba esta funcion de grande aparato y solemnidad. Asistian á ellas los próceres que tenian entrada en su cuarto, seis ó siete consejeros cerca de la silla, por si ocurriese alguna materia digna de consulta, y diferentes secretarios que iban notando, con aquellos símbolos que les servian de letras, las resoluciones y decretos, cada uno segun su negociacion. Entraba descalzo el pretendiente, y hacia tres reverencias sin levantar los ojos de la tierra, diciendo en la primera, *señor*; en la segunda, *mi señor*; y en la tercera, *gran señor*. Hablaba en acto de mayor humiliacion, y se volvia despues á retirar por los mismos pasos, repitiendo sus reverencias sin volver las espaldas, y cuidando mucho de los ojos; porque habia ciertos ministros que castigaban luego los menores descuidos; y Motezuma era observantísimo en estas ceremonias : cuidado que no se debe culpar en los príncipes, por consistir en ellas una de las prerogativas que los diferencian de los otros hombres, y tener algo de sustancia en el respeto de los súbditos estas delicadezas de la magestad. Escuchaba con atencion, y respondia con severidad, midiendo, al parecer, la voz con el semblante. Si alguno se turbaba en el razonamiento, le procuraba cobrar, ó le señalaba uno de los ministros que le asistian para que le hablase con ménos embarazo : y solia despacharle mejor, hallando en aquel miedo respectivo lisonja y discrecion. Preciábase mucho del agrado y humanidad con que sufria las impertinencias de los pretendientes, y la desproporcion de las pretensiones : y á la verdad procuraba por aquel rato corregir los ímpetus de su condicion; pero no todas veces lo podia conseguir, porque cedia lo violento á lo natural, y la soberbia reprimida se parece poco á la benignidad.

Comment Montézuma prenait ses repas.

Antes de sentarse á comer registraba los platos, saliendo á reconocer las diferencias de regalos que contenian; y satisfecha la gula de los ojos, elegia los que mas le agradaban, y se repartian los demas entre los caballeros de su guardia : siendo esta profusion cotidiana una pequeña parte del gasto que se hacia de ordinario en sus cocinas;

porque comian á su costa cuantos habitaban en palacio y cuantos acudian á él por obligacion de su oficio. La mesa era grande, pero baja de pies, y el asiento un taburete proporcionado : los manteles de blanco y sutil algodon, y las servilletas de lo mismo, algo prolongadas. Atajábase la pieza por la mitad con una baranda, ó biombo, que sin impedir la vista, señalaba término al concurso y apartaba la familia. Quedaban dentro cerca de la mesa tres ó cuatro ministros ancianos de los mas favorecidos, y cerca de la baranda uno de los criados mayores que alcanzaba los platos. Salian luego hasta veinte mugeres vistosamente ataviadas, que servian la vianda y ministraban la copa con el mismo género de reverencias que usaban en sus templos. Los platos eran de barro muy fino, y solo servian una vez, como los manteles y servilletas, que se repartian luego entre los criados : los vasos de oro sobre salvas de lo mismo; y algunas veces solia beber en cocos ó conchas naturales costosamente guarnecidas. Tenian siempre á la mano diferentes géneros de bebidas, y él señalaba las que apetecia : unas con olor, otras de yerbas saludables, y algunas confecciones de ménos honesta calidad. Usaba con moderacion de los vinos, ó mejor diriamos cervezas, que hacian aquellos indios, liquidando los granos del maiz por infusion y cocimiento, bebida que turbaba la cabeza como el vino mas robusto. Al acabar de comer tomaba ordinariamente un género de chocolate á su modo, en que iba la sustancia del cacao batida con el molinillo hasta llenar la jícara de mas espuma que licor; y despues el humo del tabaco suavizado con liquidambar: vicio que llamaban medicina, y en ellos tuvo algo de superstición, por ser el zumo de esta yerba uno de los ingredientes con que se dementaban y enfurecian los sacerdotes siempre que necesitaban de perder el entendimiento para entender al demonio.

Les musiciens du palais. — Les fêtes, les chants, les danses, les jeux.

Despues del rato del sosiego solian entrar sus músicos á divertirle : y al son de flautas y caracoles, cuya desigualdad de sonidos concertaban con algun género de consonancia, le cantaban diferentes composiciones en varios metros, que tenian su número y cadencia : variando los tonos con alguna modulacion buscada en la voluntad de su oido. El ordinario asunto de sus canciones eran los acaecimientos de sus mayores, y los hechos memorables de sus reyes; y estas se cantaban en los templos, y enseñaban á los niños, para que no se olvidasen las hazañas de su nacion, haciendo el oficio de la historia con todos aquellos que no entendian las pinturas y geroglíficos de sus anales. Tenian tambien sus cantinelas alegres, de que usaban en sus bailes, con estribillos y repeticiones de música mas bulliciosa : y eran tan inclinados á este género de regocijos, y á otros espectáculos en que mostraban sus habilidades, que casi todas las tardes habia fiestas públicas en alguno de los barrios, unas veces de la nobleza, y otras de la gente popular : y en aquella sazon fueron mas frecuentes y de mayor solemnidad, por el agasajo de los españoles, fomentándolas y asistiéndolas Motezuma contra el estilo de su austeridad ; como quien deseaba con algun género de ambicion que se contasen los ejercicios de la ociosidad entre las grandezas de su córte.

La mas señalada entre sus fiestas era un género de danzas que llamaban mitotes : componíanse de innumerable muchedumbre, unos vistosamente adornados, y otros en trages y figuras estraordinarias. Entraban en ellas los nobles, mezclándose con los plebeyos en honor de la festividad : y tenian ejemplar de haber entrado sus reyes. Hacian el son dos atabales de madera cóncava, desiguales en el tamaño y en el sonido, bajo y tiple, unidos y templados no sin alguna conformidad. Entraban de dos en dos haciendo sus mudanzas : y despues formaban corro, hiriendo todos á un tiempo la tierra y el aire con los pies, sin perder el compas. Cansado un corro, sucedia otro con diferentes saltos y movimientos, imitando los tripudios y coreas que celebró la antigüedad ; y algunas veces se mezclaban todos en alegre inquietud, hasta que mediando los brindis, y venciendo la embriaguez, de que se hacian gala en estos dias, cesaba la fiesta, ó se convertia en otra locura ménos ordenada.

Juntábase otras veces el pueblo en las plazas ó en los atrios de sus templos á diferentes espectáculos y juegos. Habia desafios de tirar al blanco, y hacer otras destrezas admirables con el arco y la flecha. Usaban de la carrera y la lucha con sus apuestas particulares, y premios públicos para el vencedor. Tenian hombres agilísimos que bailaban sin equilibrio en la maroma; y otros que hacian mudanzas y vueltas con segundo bailarin sobre los hombros. Jugaban tambien á la pelota igual número de competidores con un género de goma que levantaban mucho los botes, y la traian largo rato en el aire, hasta que ganaban la raya los que daban con ella en el término contrapuesto : victoria que se disputaba con tanta solemnidad, que venian los sacerdotes con el dios de la pelota (¡ridícula supersticion!), y colocándole á la vista, conjuraban el trinquete con ciertas ceremonias, que, á su parecer, dejaban corregidos los azares del juego, igualando la fortuna de los jugadores.

Raros eran los dias en que no hubiesen alguna fiesta que alegrase la ciudad : y Motezuma gustaba de que se frecuentasen los bailes y los regocijos; no porque fuesen de su genio, ni dejase conocer los inconvenientes que se perdonan, ó se disimulan en estos bullicios de la plebe; sino porque hallaba conveniencia en traer divertidos aquellos ánimos inquietos, de cuya fidelidad vivia receloso. Propia cavilacion de príncipe tirano, dejar al pueblo estos incitamentos de los vicios para que no discurra en lo que padece : y mayor servidumbre de la tiranía, necesitar de indignas permisiones para introducir la servidumbre con especie de libertad.

Organisation administrative du Mexique.

Tenian los mejicanos dispuesto y organizado su gobierno con notable concierto y armonía. Demas del consejo de hacienda, que corria, como hemos dicho, con las dependencias del patrimonio real, habia consejo de justicia, donde venian las apelaciones de los tribunales inferiores; consejo de guerra, donde se cuidaba de la formacion y asistencia de los ejércitos; y consejo de estado, que se hacia las mas veces en presencia del rey, donde se trataban los negocios de mayor peso. Habia tambien jueces del comercio y del abasto, y otro género de ministros como alcaldes de córte, que rondaban la ciudad y perseguian los delincuentes. Traian sus varas ellos y sus alguaciles para ser conocidos por la insignia del oficio, y tenian su tribunal donde se juntaban á oir las partes, y determinar los pleitos en primera instancia. Los juicios eran sumarios y verbales : el actor y el reo comparecian con su razon y sus testigos, y el pleito se acababa de una vez, durando poco mas si era materia de recurso á tribunal superior. No tenian leyes escritas; pero se gobernaban por el estilo de sus mayores, supliendo la costumbre por la ley, siempre que la voluntad del príncipe no alteraba la costumbre. Todos estos consejos se componian de personas esperimentadas en los cargos de la paz y de la guerra : y el de estado, superior á todos los demas, se formaba de los electores del imperio, á cuya dignidad ascendian los príncipes ancianos de la sangre real : y cuando se ofrecia materia de mucha consideracion, eran llamados al consejo los reyes de Tezcuco y Tacuba, principales electores, á quien tocaba por sucesion esta prerogativa. Los cuatro primeros vivian en palacio, y andaban siempre cerca del rey,

para darle su parecer en lo que se ofrecia, y autorizar con
el pueblo sus resoluciones.

Éducation de la jeunesse au Mexique, au temps de Montézuma.

Una de las atenciones mas notables de su gobierno era
el cuidado con que se trataba la educacion de los muchachos, y el desvelo con que iban formando y reconociendo sus inclinaciones. Tenian escuelas públicas para la
enseñanza de la gente popular, y otros colegios ó semina-
rios de mayor providencia y aparato, donde se criaban
los hijos de los nobles : perseverando en ellos desde la
tierna edad, hasta que salian capaces de hacer su fortuna,
ó seguir su inclinacion. Habia maestros de niñez, adoles-
cencia y juventud, que tenian autoridad y estimacion de
ministros; y no sin fundamento, pues cuidaban de aquellos rudimentos y ejercicios que aprovechaban despues á
la república. Allí los enseñaban á descifrar los caractéres
y figuras de que se componian sus escritos, y les hacian
tomar de memoria las canciones historiales en que se contenian los hechos de sus mayores y las alabanzas de sus
dioses. Pasaban despues á otra clase, donde se aprendia
la modestia y la cortesía, y dicen que hasta la compostura
en el andar. Eran de mayor suposicion estos segundos
preceptores, porque tenian á su cargo las costumbres de
aquella edad, en que se dejan corregir los defectos y quebrantar las pasiones.

Despiertos ya, y crecidos en este género de sujecion y
enseñanza, pasaban á la tercera clase, donde se habilitaban
en ejercicios mas robustos : probaban las fuerzas en el
peso y la lucha, competian unos con otros en el salto y la
carrera, y se enseñaban á manejar las armas, esgrimir el
montante, despedir el dardo, y dar impulso y certidumbre
á la flecha : haciánlos sufrir la hambre y la sed; y tenian
sus ratos de resistir á las inclemencias del tiempo, hasta
que volvian hábiles y endurecidos á la casa de sus padres,

para ser aplicados, segun la noticia que daban los maestros de su inclinacion, al gobierno político, al ejercicio militar, ó al sacerdocio : tres caminos en que podia elegir la gente noble, poco diferentes en la estimacion, aunque precedia el de la guerra, por ser mayores sus ascensos.

Habia tambien otros colegios de matronas dedicadas al culto de los templos, donde se criaban las doncellas de calidad, guardando clausura, y entregadas á sus maestras desde la niñez hasta que salian á tomar estado, con aprobacion de sus padres y licencia del rey : diestras ya en aquellas habilidades y labores que daban opinion á las mujeres.

Los hijos de la gente noble que al salir de los seminanarios se inclinaban á la guerra pasaban por otro exámen digno de consideracion : porque sus padres los enviaban á los ejércitos para que viesen lo que se padecia en la campaña, ó supiesen lo que intentaban ántes de alistarse por soldados : y solian enviarlos entre los tamenes vulgares con su carga de bastimentos al hombro, para que perdiesen la vanidad y fuesen enseñados al trabajo.

No se admitian á la profesion los que mudaban el semblante al horror de las batallas, ó no daban alguna esperiencia de su valor : de que resultaba el ser de mucho servicio estos bisoños en el tiempo de su aprobacion, porque todos procuraban señalarse con algun hecho particular, arrojándose á los mayores peligros; y conociendo, al parecer, que para entrar en el número de los valientes era necesario dar algo de temeridad á los principios de la fama.

La profession militaire était des plus estimées. — Ordres
militaires institués par Montézuma.

En nada pusieron tanto su fidelidad los mejicanos como en las cosas de la guerra : profesion que miraban los reyes como principal instituto de su poder, y los súbditos como propia de su nacion. Subian por ella los plebeyos á nobles, y los nobles á las mayores ocupaciones de la monarquía : con que se animaban todos á servir, ó por lo ménos aspiraban á la virtud militar cuantos nacian con ambicion, ó tenian espíritu para salir de su esfera. No habia lugar sin milicia determinada con preeminencias que diferenciaban al soldado entre los demas vecinos. Formábanse los ejércitos con facilidad : porque los príncipes del reino y los caciques de las provincias tenian obligacion de acudir á la plaza de armas que se les señalaba con el número de gente que se les repartia : y se pondera entre las grandezas de aquel imperio que llegó á tener Motezuma treinta vasallos tan poderosos, que podia poner cada uno en campaña cien mil hombres armados. Gobernaban estos la gente de su cargo en la ocasion, dependientes del capitan general, á quien obedecian, reconociendo en él la representacion de su rey, cuando faltaba su persona del ejército, que sucedia pocas veces : porque aquellos príncipes tenian á desaire de su autoridad el apartarse de sus armas, hallando alguna monstruosidad política en aquella disonancia, que hacen fuerzas propias en ageno brazo.

Tenian estimacion y conveniencia los cargos militares, y Motezuma premiaba con liberalidad á los que sobresalian en las batallas : tan inclinado á la milicia, y tan atento á la reputacion de sus armas, que inventó premios honoríficos para los nobles que servian en la guerra, instituyendo cierto género de órdenes militares con sus hábitos ó insignias que daban honra y distincion. Habia unos caballeros que llamaban de las águilas, otros de los tigres, y otros de los leones, que llevaban pendiente ó pintada en los mantos la empresa de su religion. Fundó tambien otra caballería superior, á que solo eran admitidos los príncipes ó nobles de alcuña real, y para darla mayor estimacion tomó el hábito y se hizo alistar en ella. Traian estos atada parte del cabello con una cinta roja, y entre las plumas de que adornaban la cabeza unas borlas del mismo color, que pondian sobre las espaldas, mas ó ménos, segun las hazañas del caballero, las cuales se contaban por el número de las borlas, y se aumentaban con nueva solemnidad como iban creciendo los hechos memorables de la guerra : con que habia dentro de la misma dignidad algo mas que merecer.

Debemos alabar en los mejicanos la generosidad con que anhelaban á semejantes pundonores; y en Motezuma el haber inventado en su república estos premios honoríficos : que siendo la moneda mas fácil de batir, tienen el primer lugar en los tesoros del rey.

Calendrier des Mexicains. — Leur année, leur mois. leur semaine. — Leur croyance à la fin du monde, quand arrivait la cinquante-deuxième année.

Tenian los mejicanos dispuesto y regulado su calendario con notable observacion. Gobernábanse por el movimiento del sol, y midiendo sus alturas y declinaciones para entenderse con el tiempo. Daban al año trecientos y sesenta y cinco dias, como nosotros; pero le dividian en diez y ocho meses, señalando á cada mes veinte dias, de cuyo número se componian los trecientos y sesenta; y los cinco restantes era como dias intercalares, que se añadian al fin del año para igualar el curso del sol. Miéntras duraban estos cinco dias (que, á su parecer, dejaron advertidamente sus mayores como vacíos y fuera de cuenta) se daban á la ociosidad, y trataban solo de perder, como podian, aquellas sobras del tiempo. Dejaban el trabajo los oficiales, cerrábanse las tiendas, cesaba el despacho de los tribunales, y hasta los sacrificios en los templos. Visitábanse unos á otros, y procuraban todos divertirse con varios entretenimientos, dando á entender que se prevenian con el descanso para entrar en los afanes y tareas del año siguiente : cuyo ingreso ponian en el principio de la primavera, discrepando del año solar, segun el cómputo de los astrólogos, en solos tres dias que venian á tomar de nuestro mes de febrero.

Tenian tambien sus semanas de á trece dias con nombres diferentes, que se notaban por imágenes en el calendario; y sus siglos, que constaban de cuatro semanas de años : cuyo método y dibujo era de notable artificio, y se guardaba cuidadosamente para memoria de los sucesos. Formaban un círculo grande, y lo dividian en cincuenta y dos grados, dando un año á cada grado. En el centro pintaban una efigie del sol, y de sus rayos salian cuatro fajas de colores diferentes que partian igualmente la circunferencia, dejando trece grados á cada semidiámetro : cuyas divisiones eran como signos de su zodíaco, donde tenia el siglo sus revoluciones, y el sol sus aspectos prósperos ó adversos segun el color de la faja. Por defuera iban notando en otro circulo mayor con sus figuras y caractéres los acaecimientos del siglo, y cuantas novedades se ofrecian dignas de memoria : estos mapas seculares eran como instrumentos públicos que servian á la comprobacion de sus historias. Puédese contar entre las providencias de aquel gobierno el tener historiadores que mandasen á la posteridad los hechos de su nacion.

Habia su mezcla de supersticion en este cómputo de los siglos, porque tenian aprehendido que peligraba la duracion del mundo siempre que terminaba el sol aquella carrera de las cuatro semanas mayores : y cuando llegaba el último dia de los cincuenta y dos años, se prevenian todos para la última calamidad. Despedíanse de la luz con lágrimas, disponíanse para morir sin enfermedad, rompian las vasijas de su menage como trastos inútiles, apagaban los fuegos, y andaban toda la noche como frenéticos, sin atreverse á descansar hasta saber si estaban de asiento en la region de las tinieblas. Pero al primer crepúsculo de la mañana empezaban á respirar con la vista en el oriente : y en saliendo el sol, lo saludaban con todos sus instrumentos, cantándole diferentes himnos y canciones de alegría desconcertada : congratulábanse despues unos con otros de que ya tenian segura la duracion del mundo por otro siglo, y acudian luego á los templos á congratularse con sus dioses, y á recibir la nueva lumbre de los sacerdotes, que se encendia delante de los altares con vehemente agitacion de leños combustibles. Prevenianse despues de todo lo necesario para empezar á vivir : y este dia se celebraba con públicos regocijos, llenándose la ciudad de bailes y otros ejercicios de agilidad dedicados á la renovacion del tiempo, no de otra suerte que celebró Roma sus juegos seculares.

Couronnement des rois chez les Mexicains.

La coronacion de sus reyes tenia estraordinarios requisitos. Hecha la eleccion quedaba el nuevo rey obligado á salir en campaña con las armas del imperio, y conseguir alguna victoria de sus enemigos, ó sujetar alguna provincia de las confinantes ó rebeldes ántes de coronarse, ni ascender al trono real : costumbre digna de observacion, por cuyo medio creció tanto en pocos años aquella monarquía. Luego que se hallaba capaz del dominio con la recomendacion de victorioso, volvia triunfante á la ciudad, y se le hacia público recibimiento de grande ostentacion. Acompañábanle todos los nobles, ministros y sacerdotes hasta el templo del dios de la guerra, donde se apeaba de sus andas , y hechos los sacrificios de aquella funcion, le ponian los príncipes electores la vestidura y manto real : le armaban la mano diestra con un estoque de oro y pedernal, insignia de la justicia; la siniestra con el arco y flechas, que significaban la potestad, ó el arbitrio de la guerra : y el rey de Tezcuco le ponia la corona, prerogativa de primer elector.

Oraba despues largo rato uno de los magistrados mas elocuentes, dándole por todo el imperio la enhorabuena de aquella dignidad, y algunos documentos en que le

representaba los cuidados y desvelos que traia consigo
la corona, lo que debia mirar por el bien público de sus
reinos, y le ponia delante la imitacion de sus antecesores.
Acabada esta oracion, se acercaba con gran reverencia el
mayor de los sacerdotes, y en sus manos hacia un juramento de reparables circunstancias. Juraba primero que
mantendria la religion de sus mayores, que observaria
las leyes y fueros del imperio, que trataria con benignidad á sus vasallos; y que miéntras él reinase andarian
concertadas las lluvias, que no habria inundaciones en
los rios, esterilidad en los campos, ni malignas influencias en el sol. Notable pacto entre rey y vasallos, de que
se rie Justo Lipsio ; y pudiéramos decir que le querian
obligar con este juramento á que reinase con tal moderacion, que no mereciese por su parte las iras del cielo,
no sin algun conocimiento de que suelen caer sobre los
súbditos estos castigos y calamidades públicas por los pecados y exorbitancias de los reyes.

Croyances des Mexicains sur l'immortalité de l'âme. — Leurs
cérémonies du mariage, de la naissance, de la mort. — Réflexions qu'elles inspirent à Antonio de Solis.

Croian la inmortalidad del alma, y daban premio y
castigo en la eternidad : mal entendido el mérito y la
culpa, y oscurecida esta verdad con otros errores : sobre
cuyo presupuesto enterraban con los difuntos cantidad
de oro y plata para los gastos del viaje, que consideraban
largo y trabajoso. Mataban algunos de sus criados para
que los acompañasen : y era fineza ordinaria en las mugeres propias celebrar con su muerte las exequias del
marido. Los príncipes necesitaban de gran sepultura,
porque se llevaban tras sí la mayor parte de sus riquezas
y familia : uno y otro correspondiente á su grandeza,
llenos los oficios de la casa, y algunos lisonjeros que padecian el engaño de su misma profesion. Los cuerpos se

llevaban á los templos con solemnidad y acompañamiento, donde los salian á recibir aquellos que llamaban sacerdotes con sus braserillos de copal, cantando al son de flautas roncas y destempladas diferentes himnos y versos fúnebres en tono melancólico. Levantaban repetidas veces en alto el ataud miéntras duraba el sacrificio voluntario de aquellos miserables que introducian en el alma la servidumbre. Funcion de notable variedad, compuesta de abusiones ridículas y atrocidades lastimosas.

Sus matrimonios tenian su forma de contrato, y sus ceremonias de religion. Hechos los tratados, comparecian ambos contrayentes en el templo, y uno de los sacerdotes examinaba su voluntad con preguntas rituales; y despues tomaba con una mano el velo de la muger, y con otra el manto del marido, y los añudaba por los estremos, significando el vínculo interior de las dos voluntades. Con este género de yugo nupcial volvian á su casa en compañía del mismo sacerdote : donde, imitando la supersticion de los dioses Lares, entraban á visitar el fuego doméstico, que, á su parecer, mediaban en la paz de los casados, y daban siete vueltas á él siguiendo al sacerdote : con cuya diligencia, y la de sentarse despues á recibir el calor de conformidad, quedaba perfecto el matrimonio. Hacíase memoria con instrumento público de los bienes dotales que llevaba la muger : y el marido quedaba obligado á restituirlos en caso de apartarse; lo cual sucedia muchas veces, y se tenia por bastante causa para el divorcio que se conformasen los dos : pleito en que no entraban las leyes : porque se juzgaban los que se conocian. Quedábase con las hijas la muger, llevándose los hijos el marido; y una vez disuelto el matrimonio, tenian pena de la vida irremisible si se volvian á juntar : siendo en su natural inconstancia la única dificultad de los repudios el peligro de la reincidencia. Zelaban como punto de honra la honestidad y el recato de las mugeres propias, y entre aquella desordenada licencia con que se daban al vicio de la sensualidad, se aborrecia y castigaba con rigor el adulterio, no tanto por su deformidad, como por sus inconvenientes.

Llevábanse á los templos con solemnidad los niños recien nacidos, y los sacerdotes los recibian con ciertas amonestaciones, en que les notificaban los trabajos á que nacian. Aplicábanles, si eran nobles, á la mano derecha una espada, y al brazo izquierdo un escudo, que tenian para este ministerio : si eran plebeyos, hacian la misma diligencia con algunos instrumentos de los oficios mecánicos; y las hembras de una y otra calidad empuñaban la rueca y el huso, manifestando á cada uno el género de fatiga con que le aguardaba su destino. Hecha esta primera ceremonia, los llevaban cerca del altar, y con espinas de maguey ó con lancetas de pedernal les sacaban alguna sangre de las partes de la generacion, y despues les echaban agua, ó los bañaban con otras imprecaciones : en que parece quiso el demonio, inventor de aquellos ritos, imitar el bautismo y la circuncision con la misma soberbia que intentó contrahacer otras ceremonias y hasta los otros sacramentos de la religion católica, pues introdujo entre aquellos bárbaros la confesion de los pecados, dándoles á entender que se ponian con ella en gracia de sus dioses, y un género de comunion ridícula, que ministraban los sacerdotes ciertos dias del año, repartiendo en pequeños bocados un ídolo de harina masada con miel, que llamaban dios de la penitencia. Ordenó tambien sus jubileos, instituyó las procesiones, los incensarios y otros remedos del verdadero culto, hasta disponer que se llamasen papas en aquella lengua los sumos sacerdotes : en que se conoce que le costaba particular estudio esta imitacion; fuese por abusar de las ceremonias sacrosantas mezclándolas con sus abominaciones, ó porque no sabe arrepentirse de aspirar con este género de afectaciones á la semejanza del Altísimo.

De mauvaises nouvelles arrivent de Vera-Cruz. — Juan de Es-
calante meurt des suites d'une blessure reçue dans un engagement contre les Totonaques. On remarque quelques signes
de défiance de la part des Mexicains. Dans cet état de choses,
Cortés supposant que Montézuma pouvait ne pas être étranger
à cette disposition des esprits, réunit les chefs, leur demande
leur avis et ne pense pas qu'il faille se retirer de Mexico; il
croit au contraire qu'il faut frapper un grand coup et s'emparer
de Montézuma.

« Que no se conformaba con el medio propuesto de
pedir pasaporte á Motezuma; porque habiéndose abierto
el camino con las armas para entrar en su córte, á pesar
de su repugnancia, caerian mucho del concepto en que
los tenia, si llegase á entender que necesitaban de su
favor para retirarse : que si estaba de mal ánimo, podria
concederles el pasaporte para deshacerlos en la retirada;
y si le negase, quedaban obligados á salir contra su voluntad, entrando en el peligro descubierta la flaqueza.
Que le agradaba ménos la resolucion de salir oculta-
mente; porque seria ponerse de una vez en términos de
fugitivos, y Motezuma podria con gran facilidad cortarles
el paso, adelantando por sus correos la noticia de su
marcha. Que, á su parecer, no era conveniente por
entónces la retirada; porque de cualquiera suerte que la
intentasen, volverian sin reputacion : y perdiendo los
amigos y confederados que se mantenian con ella, se
hallarian despues sin un palmo de tierra donde poner los
pies con seguridad. Por cuyas consideraciones, dijo, soy
de sentir que se apartan ménos de la razon los que se
inclinan á que perseveremos sin hacer novedad hasta salir
con honra, y ver lo que dan de sí nuestras esperanzas.
Ambas resoluciones son igualmente aventuradas, pero no
igualmente pundonorosas : y seria infelicidad indigna de
españoles morir por eleccion en el peligro mas desairado.
Yo no pongo duda en que nos debemos mantener el

modo con que se ha de conseguir es en lo que mas se detiene mi cuidado. Viénense á los ojos estos principios de rumor que se han reconocido entre los mejicanos. El suceso de la Vera Cruz, ejecutado con las armas de su nacion, pide nuevas consideraciones al discurso. La cabeza de Arguello, presentada en lisonja de Motezuma, es indicio de que supo ántes la faccion de su general : y su mismo silencio nos está diciendo lo que debemos recelar de su intencion. Pero á vista de todo me parece que para mantenernos en esta ciudad ménos aventurados, es necesario que pensemos en algun hecho grande, que asombre de nuevo á sus moradores, resarciendo lo que se hubiere perdido en su estimacion con estos accidentes. Para cuyo efecto, despues de haber discurrido en otras hazañas de mas ruido que sustancia, tengo por conveniente que nos apoderemos de Motezuma, trayéndole preso á nuestro cuartel : resolucion que, á mi entender, los ha de atemorizar y reprimir, dándonos disposicion para que podamos capitular despues con rey y vasallos lo que mas conviniere á nuestro príncipe y á nuestra seguridad. El pretesto de la prison, si yo no discurro mal, ha de ser la muerte de Arguello que ha llevado á su noticia, y el rompimiento de la paz cometido por su general : de cuyas dos ofensas debemos darnos por entendidos y pedir satisfaccion, porque no conviene suponer una ignorancia de lo que saben ellos, cuando estan creyendo que lo alcanzamos todo ; y esto y los demas engaños de su imaginacion se deben por lo ménos tolerar como parciales de nuestra osadía. Bien reconozco las dificultades y contingencias de tan ardua resolucion ; pero las grandes hazañas son hijas de los grandes peligros : y Dios nos ha de favorecer, que son muchas las maravillas (y pudiera decir milagros evidentes) con que se ha declarado por nosotros en esta jornada, para que no miremos ahora como inspiracion suya nuestra perseverancia. Su causa es la primera razon de nuestros intentos ; y yo no he de creer que nos ha traido en hombros de su providencia estraordinaria para introducirnos en el empeño, y dejarnos con nuestra flaqueza en la mayor necesidad. »

Cortés exécute son projet d'arrêter Montézuma, — Entrevue du général espagnol et du roi mexicain.

« Cortés refirió primero el hecho de su general y ponderó despues el atrevimiento de haber formado ejército y acometido á sus compañeros, rompiendo la paz y la salvaguardia real en que vivian asegurados. Acriminó, como delito de que se debia dar satisfaccion á Dios y al mundo, el haber muerto los mejicanos á un español que hicieron prisionero : vengando en él á sangre fria la propia ignominia con que volvieron vencidos. Y últimamente se detuvo en afear, como punto de mayor consideracion, la disculpa de que se valian Cualpopoca y sus capitanes, dando á entender que se hacia de su órden aquella guerra tan fuera de razon : y añadió que le debia su magestad el no haberlo creido, por ser accion indigna de su grandeza el estarlos favoreciendo en una parte, para destruirlos en otra. »

Perdió Motezuma el color al oir este cargo suyo ; y con señales de ánimo convencido interrumpió á Cortés para negar, como pudo, el haber dado semejante órden. Pero él socorrió su turbacion, volviéndole á decir : « Que así lo tenia por indubitable ; pero que sus soldados no se darian por satisfechos, ni sus mismos vasallos dejarian de creer lo que afirmaba su general, si no le viesen hacer alguna demostracion estraordinaria que borrase totalmente la impresion de semejante calumnia ; y así venia resuelto á suplicarle que sin hacer ruido, y como que nacia de su propia eleccion, se fuese luego al alojamiento de los españoles, determinándose á no salir dél hasta que constase á todos que no habia cooperado en aquella maldad. A cuyo efecto le ponia en consideracion que con esta generosa confianza, digna de ánimo real, no solo se quietaria el enojo de su príncipe y el recelo de sus compañeros; pero él volveria por su mismo decoro y pundonor, ofendido entónces de mayor indecencia : y que le daba su palabra, como caballero y como ministro del mayor rey de la tierra, de que seria tratado entre los españoles con todo el acatamiento debido á su persona : porque solo deseaban asegurarse de su voluntad para servirle y obedecerle con mayor reverencia. » Calló Cortés, y calló tambien Motezuma, como estrañando el atrevimiento de la proposicion ; pero él, deseando reducirle con suavidad, ántes que se determinase á contrario dictámen, prosiguió diciendo : « Que aquel alojamiento que les habia señalado era otro palacio suyo, donde solia residir algunas veces : y que no se podria estrañar entre sus vasallos que se mudase á él para deshacerse de una culpa, que puesta en su cabeza, seria pleito de rey á rey ; y quedando en la de su general, se podria emendar con el castigo, sin pasar á los inconvenientes y violencias con que suele decidirse la justicia de los reyes. »

Montézuma se rend au casernement des Espagnols qui devait lui servir de prison.

Salió sin mas dilacion de su palacio, llevando consigo todo el acompañamiento que solia ; los españoles iban á pio junto á las andas, y le cercaban con pretesto de acompañarle. Corrió luego la voz de que se llevaban á su rey los estrangeros, y se llenaron de gente las calles, no sin algunos indicios de tumulto, porque daban grandes voces, y se arrojaban en tierra, unos despechados, y otros enternecidos ; pero Motezuma con esterior alegría y seguridad los iba sosegando y satisfaciendo. Mandábales primero que callasen, y al movimiento de su mano succedia repentino el silencio. Decíales despues que aquella no era prision, sino ir por su gusto á vivir unos dias con sus amigos los estrangeros : satisfacciones adelantadas, ó respuestas sin pregunta que niegan lo que afirman. En llegando al cuartel (que como dijimos era la casa real que fabricó su padre) mandó á su guardia que despejase la gente popular, y á sus ministros que impusiesen pena de la vida contra los que se moviesen á la menor inquietud. Agasajó mucho á los soldados españoles que le salieron á recibir con reverente alborozo. Eligió despues el cuarto donde queria residir : y la casa era capaz de separacion decente. Adornóse luego por sus mismos criados con las mejores alhajas de su guardaropa : pusóse á la entrada suficiente guardia de soldados españoles : dobláronse las que solian asistir á la seguridad ordinaria del cuartel : alargáronse á las calles vecinas algunas centinelas, y no se perdonó diligencia de las que correspondian á la novedad del empeño. Dióse órden á todos para que dejasen entrar á los que fuesen de la familia real, que ya eran conocidos, y á los nobles y ministros que viniesen á verle : cuidando de que entrasen unos y saliesen otros, con pretesto de que no embarazasen. Cortés entró á visitarle aquella misma tarde, pidiendo licencia, y observando las puntualidades y ceremonias que cuando le visitaba en su palacio. Hicieron la misma diligencia los capitanes y soldados de cuenta : diéronle rendidas gracias de que honrase aquella casa, como si le hubiera traido á ella su eleccion ; y él estuvo tan alegre y agradable con todos, como si no se hallaran presentes los que fueron testigos de su resistencia. Repartió por su mano algunas joyas que hizo traer advertidamente para ostentar su desenojo ; y por mas que se observaban sus acciones y palabras, no se conocia flaqueza en su seguridad, ni dejaba de parecer rey en la constancia con que procuraba juntar los dos estremos de la dependencia y de la magestad. A ninguno de sus criados y ministros (cuya comunicacion se le permitió desde luego) descubrió el secreto de su opresion, ó porque se avergonzase de confesarla, ó porque temió perder la vida si ellos se inquietasen. Todos miraron por entónces como resolucion suya este retiro ; con que no pasaron á discurrir en la osadía de los españoles, que muy grande se le pudo esconder entre los imposibles á que no está obligada la imaginacion.

Fernand Cortés redoute l'inquiétude de Montézuma. — Il lui fait mettre les menottes. — Langage qu'il lui tient. — Surprise de Montézuma.

Pero temiendo Hernan Cortés que se inquietase Motezuma, ó quisiese defender á los que morian por haber ejecutado sus órdenes, resolvió atemorizarle con alguna bizarría, que tuviese apariencias de amenaza, y le acordase la sujecion en que se hallaba. Ocurióle otro arrojamiento notable, á que le debió de inducir la facilidad con que se consiguió el de su prision, ó el ver tan rendida su paciencia. Mandó buscar unos grillos de los que se traian prevenidos para los delincuentes, y con ellos descubiertos en las manos de un soldado se puso en su presencia, llevando consigo á doña Marina, y tres ó cuatro de sus capitanes. No perdonó las reverencias con que solia respectarle; pero dando á la voz y al semblante mayor entereza, le dijo : « Que ya quedaban condenados á muerte Cualpopoca y los demas delincuentes por haber confesado su delito, y ser digno de semejante demostracion; pero que le habian culpado en él, diciendo afirmativamente que le cometieron de su órden : y así era necesario que purgase aquellos indicios vehementes con alguna mortificacion personal : porque los reyes, aunque no estaban obligados á las penas ordinarias, eran súbditos de otra ley superior que mandaba en las coronas, y debian imitar en algo á los reos, cuando se hallaban culpados: y trataban de satisfacer á la justicia del cielo. » Dicho esto, mandó con imperio y resolucion que lo pusiesen las prisiones, sin dar lugar á que le replicase: y en dejándole con ellas, le volvió las espaldas, y se retiró á su cuarto, dando nueva órden á las guardias para que no se le permitiese por entónces la comunicacion de sus ministros.

Fué tanto el asombro de Motezuma, cuando se vió tratar con aquella ignominia, que le faltó al principio la accion para resistir, y despues la voz para quejarse. Estuvo mucho rato como fuera de sí : los criados que le asistian acompañaban su dolor con el llanto, sin atreverse á las palabras, arrojándose á sus pies para recibir el peso de los grillos : y él volvió de su confusion con principios de impaciencia ; pero se reprimió brevemente : y atribuyendo su infelicidad á la disposicion de sus dioses, esperó el suceso, no sin cuidado, al parecer, de que peligraba su vida ; pero acordándose de quien era, para temer sin falta de valor.

Le roi de Tezcuco conspire contre les Espagnols. — Son discours à ses partisans.

Hízoles un razonamiento de grande aparato ; y dando colores de celo á sus ocultos designios, ponderó el estado en que se hallaba su rey, olvidado, al parecer, de su misma libertad, y la obligacion que tenian de concurrir todos como buenos vasallos á sacarle de aquella servidumbre. Sinceróse con la proximidad de la sangre, que lo interesaba en los aciertos de su tio : y volviendo la mira contra los españoles : « ¿ A qué aguardamos, amigos y parientes, dijo, que no abrimos los ojos al oprobio de nuestra nacion, y á la vileza de nuestro sufrimiento ? Nosotros, que nacimos á la armas, y ponemos nuestra mayor felicidad en el terror de nuestros enemigos, ¿ concedemos la cerviz al yugo afrentoso de una gente advenediza ? ¿ Qué son sus atrevimientos sino acusaciones de nuestra flojedad, y desprecios de nuestra paciencia ? Consideremos lo que han conseguido en breves dias, y conoceremos primero nuestro desaire, y despues nuestra obligacion. Arrojáronse á la córte de Méjico, insolentes

de cuatro victorias en que los hizo valientes la falta de
resistencia. Entraron en ella triunfantes, á despecho de
nuestro rey, y contra la voluntad de la nobleza y gobierno.
Introdujeron consigo á nuestros enemigos ó rebeldes, y
los mantienen armados á nuestros ojos, dando vanidad
á los Tlascaltecas, y pisando el pundonor de los mejicanos. Quitaron la vida con público y escandaloso castigo
á un general del imperio, tomando en ageno dominio jurisdiccion de magistrados, ó autoridad de legisladores. Y
últimamente prendieron al gran Motezuma en su alojamiento, sacándole violentamente de su palacio; y no
contentos con ponerle guardas á nuestra vista, pasaron
á ultrajar su persona y dignidad con las prisiones de sus
delincuentes. Así pasó : todos lo sabemos; pero ¿ quién
habrá que lo crea sin desmentir á sus ojos? ¡ O verdad
ignominiosa, digna del silencio, y mejor para el olvido !
Pues ¿en qué os deteneis, ilustres mejicanos ? ¿ Preso
vuestro rey, y vosotros desarmados ? Esa libertad aparente de que le veis gozar estos dias no es libertad, sino
un tránsito engañoso, por el cual ha pasado insensible-
mente á otro cautiverio de mayor indecencia : pues lo han
tiranizado el corazon, y se han hecho dueños de su vo-
luntas, que es la prision mas indigna de los reyes. Ellos
nos gobiernan y nos mandan, pues él que nos habia de
mandar los obedece. Ya le veis descuidado en la conservacion de sus dominios, desatento á la defensa de sus
leyes, y convertido el ánimo real en espíritu servil. Nosotros, que suponemos tanto en el imperio mejicano, debemos impedir con todo el hombro su ruina. Lo que nos
toca es juntar nuestras fuerzas, acabar con estos advenedizos, y poner en libertad á nuestro rey. Si lo desagradá-
remos dejándole de obedecer en lo que le conviene, conocerá el remedio cuando convalezca de la enfermedad :
y si no le conociere, hombres tiene Méjico que sabrán
llenar con sus sienes la corona ; y no será el primero de
nuestros reyes que por no saber reinar, o reinar descui-
dadamente, se dejó caer el cetro de la manos. »

Opposition de Matalcindo aux projets de Cacumatzin.

Solo el señor de Matalcingo, que se hallaba en el mismo grado pariente de Motezuma, y tenia sus pensamientos de reinar, conoció lo interior de la propuesta, y tiró á desvanecer los designios de su competidor, añadiendo : « Que tenia por necesario, y por mas conveniente á la obligacion de todos, que se previniese á Motezuma de lo que intentaban, y se tomase primero su licencia; pues no era razon que se arrojasen armados á la casa donde residia, sin poner en salvo su persona, tanto por el peligro de su vida, como por la disonancia de que pereciesen aquellos hombres debajo de las alas de su rey.» Barajaron los demas esta proposicion como impracticable, diciéndole Cacumatzin algunos pesares, que sufrió por no descomponer sus esperanzas; y se acabó la junta, quedando señalado el dia, discurrido el modo, y encargado el secreto.

Propositions de Montézuma à Cortés. — Il lui avoue que le roi d'Espagne devait être reconnu pour son successeur. — Il lui offre son obéissance.

Fué de grande aparato y autoridad esta funcion, porque asistieron tambien á ella los nobles y ministros que residian en la córte : y Motezuma, despues de haberlos mirado una y dos veces con agradable magestad, empezó su oracion, haciéndolos benévolos y atentos con ponerles delante « cuánto los amaba, y cuánto le debian : » acordóles « que tenian de su mano todas las riquezas y dignidades que poseian : » y sacó por ilacion de este principio « la obligacion en que se hallaban de creer que no les propondria materia que no fuese de su mayor conveniencia, despues de haberla premeditado con madura deliberacion, consultado á sus dioses el acierto, y tenido señales evidentes de que hacia su voluntad. »

Afectaba muchas veces estas vislumbres de inspiracion, para dar algo de divinidad á sus resoluciones : y entónces le creyeron, porque no era novedad que le favoreciese con sus respuestas el demonio. Asentada esta reconvencion y este misterio, refirió con brevedad « el orígen del imperio mejicano, la espedicion de los Nabatlacas, las hazañas prodigiosas de Quezalcoal, su primer emperador, y lo que dejó profetizado cuando se apartó á las conquistas del oriente, previniendo con impulso del cielo que habian de volver á reinar en aquella tierra sus descendientes. » Tocó despues como punto indubitable : « Que el rey de los españoles, que dominaba en aquellas regiones orientales, era legitimo sucesor del mismo Quezalcoal. » Y añadió : « Que siendo él monarca de quien habia de proceder aquel príncipe tan deseado entre los mejicanos, y tan prometido en los oráculos y profecias que veneraba su nacion, debian todos reconocer en su persona este derecho hereditario, dando á su sangre lo que, á falta de ella, se introdujo en eleccion : que si hubiera venido entónces personalmente, como envió sus embajadores, era tan amigo de la razon, y amaba tanto á sus vasallos, que por su mayor felicidad seria el primero en desnudarse de la dignidad que poseia, rindiendo á sus pies la corona, fuese para dejarla en sus sienes, ó para recibirla de su mano. Pero que debiendo á los dioses la buena fortuna de que hubiese llegado en su tiempo noticia tan deseada, queria ser el primero en manifestar la prontitud de su ánimo, y habia discurrido en ofrecerle desde luego su obediencia, y hacerle algun servicio considerable. A cuyo fin tenia destinadas las joyas mas preciosas de su tesoro, y queria que sus nobles le imitasen, no solo en hacer el mismo reconocimiento, sino en acompañarle con alguna contribucion de sus riquezas, para que siendo mayor el servicio, llegase mas decoroso á los ojos de aquel príncipe. »

Entrevue de Fernand Cortés et de Montézuma.

Pasó luego Hernan Cortés al cuarto de Motezuma, prevenido ya de varios pretestos para darle cuenta de su
viaje, sin descubrirle su cuidado; pero él le obligó á tomar nueva senda en su discurso dando principio á la conversacion. Recibióle diciendo : « Que habia reparado en
que andaba cuidadoso, y sentia que le hubiese recatado la
ocasion, cuando por diferentes partes le avisaban que venia de mal ánimo contra él y contra los suyos aquel capitan de su nacion que residia en Zempoala : y que no es-
trañaba tanto que fuesen enemigos por alguna querella
particular, como que siendo vasallos de un rey acaudilla-
sen dos ejércitos de contraria faccion; en los cuales era
preciso que por lo ménos el uno anduviese fuera de su
obediencia. » Esta noticia no esperada en Motezuma, y
esta reconvencion que tenia fuerza de argumento, pudieran embarazar á Cortés : y no dejaron de turbarle interiormente; pero con aquella prontitud natural que le sa-
caba de semejantes aprietos, le respondió sin detenerse :
« Que los que habian observado la mala voluntad de
aquella gente, y las amenazas imprudentes de su caudillo,
le avisaban la verdad, y él venia con ánimo de comuni-
cársela, no habiendo podido cumplir ántes con esta obligacion, porque acababa de llegar el padre fray Bartolomé
de Olmedo con el primer aviso de semejante novedad.
Que aquel capitan de su nacion, aunque tan arrojado en
las demostraciones de su enojo, no se debia mirar como
inobediente, sino como engañado en el servicio de su
rey : porque venia despachado con veces de sustituto y
lugarteniente de un gobernador poco advertido, que, por
residir en provincia muy distante, no sabia las últimas
resoluciones de la córte, y estaba persuadido á que le tocaba por su puesto la funcion de aquella embajada. Pero
que todo el aparato de tan frívola pretension se desvane-

ceria fácilmente sin mas diligencia que manifestarle sus
despachos : en cuya virtud se hallaba con plena jurisdiccion para que le obedeciesen todos los capitanes y soldados que se dejasen ver en aquellas costas; y ántes que
pasase á mayor empeño su ceguedad, habia resuelto marchar á Zempoala con parte de su gente para disponer que
se volviesen á embarcar aquellos españoles, y darles á
entender que ya debian respetar los pueblos del imperio
mejicano como admitidos á la proteccion de su rey. Lo
cual ejecutaria luego; siendo el principal motivo de abre-
viar su jornada la justa consideracion de no permitir que
se acercasen á su córte, por componerse aquel ejército
de gente ménos atenta y ménos corregida que fuera razon, para fiarse de su vecindad sin riesgo de que pudiesen ocasionar alguna turbacion entre sus vasallos. »

Raisonnement que fait Cortés à ses soldats.

« Esta noche, prosiguió diciendo con nuevo fervor,
esta noche, amigos, ha puesto el cielo en nuestras manos
la mayor ocasion que se pudiera fingir nuestro deseo :
vereis agora lo que fio de vuestro valor; y yo confesaré
que vuestro mismo valor hace grandes mis intentos. Poco
ha que aguardábamos á nuestros enemigos con esperanza
de vencerlos al reparo de esa ribera : ya los tenemos des-
cuidados y desunidos, militando por nosotros el mismo
desprecio con que nos tratan. De la impaciencia vergon-
zosa con que desampararon la campaña, huyendo esos
rigores de la noche, pequeños males de la naturaleza, se
colige cómo estarán en el sosiego unos hombres que le
buscaron con flojedad, y le distrutan sin recelo. Narváez
entiende poco de las puntualidades á que obligan las contingencias de la guerra. Sus soldados por la mayor parte
son bisoños, gente de la primera ocasion, que no ha menester la noche para moverse con desacierto y ceguedad :
muchos se hallan desobligados ó quejosos de su capitan :

no faltan algunos á quien debe inclinacion nuestro partido; ni son pocos los que aborrecen como voluntario este rompimiento : y suelen pesar los brazos cuando se mueven contra el dictámen ó contra la voluntad. Unos y otros se deben tratar como enemigos hasta que se declaren : porque si ellos nos vencen, hemos de ser nosotros los traidores. Verdad es que nos asiste la razon; pero en la guerra es la razon enemiga de los negligentes, y ordinariamente se quedan con ella los que pueden mas. A usurparos vienen cuanto habeis adquirido : no aspiran á ménos que hacerse dueños de vuestra libertad, de vuestras haciendas y de vuestras esperanzas : suyas han de llamar nuestras victorias : suya la tierra que habeis conquistado con vuestra sangre : suya la gloria de vuestras hazañas : y lo peor es, que con el mismo pie que intentan pisar nuestra cerviz, quieren atropellar el servicio de nuestro rey y atajar los progresos de nuestra religion; porque se han de perder si nos pierden : y siendo suyo el delito, han de quedar en duda los culpados. A todo se ocurre con que obreis esta noche como acostumbrais : mejor sabreis ejecutarlo, que yo discurrirlo : alto á las armas y á la costumbre de vencer : Dios y el rey en el corazon, el pundonor á la vista, y la razon en las manos, que yo seré vuestro compañero en el peligro; y entiendo ménos de animar con las palabras, que de persuadir con el ejemplo. »

Une conjuration se forme contre les Espagnols. — Conduite
de Don Pedro de Alvarado.

Pero lo cierto fué que Pedro de Alvarado, poco despues que se apartó de Méjico Hernan Cortés, reconoció en los nobles de aquella córte ménos atencion ó ménos agrado; cuya novedad le obligó á vivir cuidadoso, y velar sobre sus acciones. Valióse de algunos confidentes, que observasen lo que pasaba en la ciudad   supo que andaba la gente inquieta y misteriosa, y que se hacian juntas en casas particulares, con un género de recato mal seguro, que ocultaba el intento, y descubria la intencion. Dió calor á sus inteligencias, y consiguió con ellas la noticia evidente de una conjuracion que se iba forjando contra los españoles : porque ganó algunos de los mismos conjurados que venian con los avisos, afeando la traicion, sin olvidar el interes. Ibase acercando una fiesta muy solemne de sus ídolos, que celebraban con aquellos bailes públicos, mezcla de nobleza y plebe, y conmocion de toda la ciudad. Eligieron este dia para su faccion, suponiendo que se podrian juntar descubiertamente sin que hiciese novedad. Era su intento dar principio al baile para convocar al pueblo, y llevársele tras sí con la inteligencia de apellidar la libertad de su rey y la defensa de sus dioses : reservando para entónces el publicar la conjuracion, por no aventurar el secreto, fiándose anticipadamente de la muchedumbre : y á la verdad no lo tenian mal discurrido : que pocas veces falta el ingenio á la maldad.

Vinieron la mañana precedente al dia señalado algunos de los promovedores del motin á verse con Pedro de Alvarado, y le pidieron licencia para celebrar su festividad : rendimiento afectado con que procuraron deslumbrarle; y él, mal asegurado todavía en su recelo, se la concedió con calidad que no llevasen armas, ni se hiciesen sacrificios de sangre humana; pero aquella misma noche supo que andaban muy solícitos escondiendo las armas en el barrio mas vecino al templo : noticia que no le dejó que dudar, y le dió motivo para discurrir en una temeridad, que tuvo sus apariencias de remedio; y lo pudiera ser, si se aplicara con la debida moderacion. Resolvió asaltarlos en el principio de su fiesta, sin dejarles lugar para que tomasen las armas, ni levantasen el pueblo : y así lo puso en ejecucion, saliendo á la hora señalada con cincuenta de los suyos, y dando á entender que lo llevaba la curiosidad ó el divertimiento. Hallólos entregados á la embriaguez, y envueltos en el regocijo cauteloso, de que se iba formando la traicion. Embistió con ellos, y los atropelló con poca ó ninguna resistencia, hiriendo y matando algunos que no pudieron huir, ó tardaron mas en arrojarse por las cercas y ventanas del adoratorio. Su intento fué castigarlos y desunirlos, lo cual se consiguió sin dificultad, pero no sin desórden, porque los españoles despojaron de sus joyas á los heridos y á los muertos. Licencia mal reprimida entónces, y siempre dificultosa de reprimir en los soldados, cuando se hallan con la espada en la mano y el oro á la vista.

Dispuso esta faccion Pedro de Alvarado con mas ardor que providencia. Retiróse con desahogos de vencedor, sin dar á entender al concurso popular los motivos de su enojo. Debiera publicar entónces la traicion que prevenian contra él aquellos nobles : manifestar las armas que tenian escondidas ; ó hacer algo de su parte para ganar contra ellos el voto de la plebe, fácil siempre de mover contra la nobleza : pero volvió satisfecho de que habia sido justo el castigo, y conveniente la resolucion; ó no conoció lo que importan al acierto los adornos de la razon. Y aquel pueblo, que ignoraba la provocacion, y vió el estrago de los suyos y el despojo de las joyas, atribuyó á la codicia todo el hecho, y quedó tan irritado, que tomó luego las armas, y dió cuerpo formidable á la sedicion, hallándose dentro del tumulto con poca ó ninguna diligencia de los primeros conjurados.

Les Mexicains tentent de donner l'assaut à la caserne des Espagnols. — Ils sont repoussés.

Era su intento asaltar á viva fuerza el cuartel por todas partes; y á breve rato se vieron cubiertas de gente las calles del contorno. Hicieron poco despues la seña de acometer sus atabales y bocinas : avanzaron todos á un tiempo con igual precipitacion. Traian de vanguardia tropas de flecheros, para que barriendo la muralla, pudiesen acercarse los demas. Fueron tan cerradas y tan repetidas las cargas que despidieron, haciendo lugar á los que iban señalados para el asalto, que se hallaron los defensores en confusion, acudiendo con dificultad á los dos tiempos de reparar y ofender. Vióse casi anegado en flechas el cuartel : y no parezca locucion sobradamente animosa, pues se llegó á señalar gente que las apartase, porque ofendian segunda vez cerrando el paso á la defensa. Las piezas de artillería y demas bocas de fuego hacian horrible destrozo en los enemigos; pero venian tan resueltos á morir ó vencer, que se adelantaban de tropel á ocupar el vacío de los que iban cayendo, y se volvian á cerrar animosamente, pisando los muertos, y atropellando los heridos.

Llegaron muchos á ponerse debajo del cañon, y á intentar el asalto con increible determinacion : valianse de sus instrumentos de pedernal para romper las puertas y picar las paredes : unos trepaban sobre sus compañeros para suplir el alcance de sus armas : otros hacian escalas de sus mismas picas para ganar las ventanas ó terrados; y todos se arrojaban al hierro y al fuego como fieras irritadas. Notable repeticion de temeridades, que pudieran celebrarse como hazañas, si obrara en ellos el valor algo de lo que obraba la ferocidad.

Dans une nouvelle attaque, Cortés fait une seconde sortie.

Con esta buena disposicion de su gente, con el parecer de sus capitanes, y aprobacion de Motezuma, ejecutó Cortés la segunda salida contra los mejicanos. Llevó consigo la mayor parte de los españoles, y hasta dos mil tlascaltecas, algunas piezas de artillería, las máquinas de madera con guarnicion proporcionada, y algunos caballos á la mano para usar de ellos cuando lo permitiesen las quiebras del terreno. Estaba entónces el tumulto en un profundo silencio, y apénas se dió principio á la marcha, cuando se conoció la primera dificultad de la empresa en lo que abultaron súbitamente los gritos de la multitud, alternados con el estruendo pavoroso de los atabales y caracoles. No esperaron á ser acometidos, ántes se vinieron á los Españoles con notable resolucion y movimiento ménos atropellado que solian. Dieron y recibieron las primeras cargas sin descomponerse ni precipitarse; pero á breve rato conocieron el daño que recibian, y se fueron retirando poco á poco, sin volver las espaldas, al primero de los reparos con que tenian atajadas las calles : en cuya defensa volvieron á pelear con tanta obstinacion, que fué necesario adelantar algunas piezas de artillería para desalojarlos. Tenian cerca las retiradas, y en algunas levantados los puentes de las acequias, con que se repelia importunamente la dificultad, y no se hallaba la sazon de poderlos combatir en descubierto. Viéronse aquel dia en sus operaciones algunas advertencias, que parecian de guerra mas que popular. Disparaban á tiempo, y baja la puntería para no malograr el tiro en la resistencia de las armas. Los puestos se defendian con desahogo, y se abandonaban sin desórden. Echaron gente á las acequias para que ofendiesen nadando con el bote de las picas. Hicieron subir grandes peñascos á las azuteas para destruir los castillos de madera, y lo consiguieron haciéndolos pedazos. Todas las señas daban á entender que habia quien gobernase, porque se animaban y socorrian tempestivamente, y se dejaba conocer alguna obediencia entre los mismos desconciertos de la multitud.

Inquiétude de Montézuma. — Il craint la conspiration de sa noblesse. — Ce qu'il dit à Cortés.

No tuvo mejor noche Motezuma, que vacilaba entre mayores inquietudes, dudoso ya en la fidelidad de sus vasallos, y combatido el ánimo de contrarios afectos, que unos seguian, y otros violentaban su inclinacion : ímpetus de la ira, moderaciones del miedo, y repugnancias de la soberbia. Estuvo aquel dia en la torre mas alta del cuartel observando la batalla, y reconoció entre los rebeldes al señor de Iztacpalapa, y otros príncipes de los que podian aspirar al imperio : viólos discurrir á todas partes animando la gente, y disponiendo la faccion : no recelaba de sus nobles semejante alevosía : crecieron á un tiempo su enojo y su cuidado; y sobresalió el enojo, dando á la sangre y al cuchillo el primer movimiento de su natural; pero conociendo poco despues el cuerpo que habia tomado la dificultad, convertido ya el tumulto en conspiracion, se dejó caer en el desaliento, quedando sin accion para ponerse de parte del remedio, y rindiendo al asombro y á la flaqueza todo el impulso de la ferocidad. Horribles siempre al tirano los riesgos de la corona, y fáciles ordinariamente al temor los que se precian de temidos.

Esforzóse á discurrir en diferentes medios para restablecerse, y ninguno le pareció mejor que despachar luego á los españoles, y salir á la ciudad, sirviéndose de la mansedumbre y de la equidad ántes de levantar el brazo de la justicia. Llamó á Cortés por la mañana, y le comunicó lo que habia crecido su cuidado, no sin alguna destreza. Ponderó con afectada seguridad el atrevimiento de sus nobles, dando al empeño de castigarlos algo mas que á la razon de temerlos. Prosiguió diciendo : « Que ya pedian pronto remedio aquellas turbaciones de su república, y convenia quitar el pretesto á los sediciosos, y darles á conocer su engaño ántes de castigar su delito : que todos los tumultos se fundaban sobre apariencias de razon; y en las aprehensiones de la multitud era prudencia entrar cediendo para salir dominando : que los clamores de sus vasallos tenian la disculpa del buen sonido, pues se reducian á pedir la libertad de su rey, persuadidos á que no la tenia, y cerrado el camino de pretenderla : que ya llegaba el caso de ser inescusable que saliesen de

Méjico sin mas dilacion Cortés y los suyos, para que pudiese volver por su autoridad, poner en sujecion á los rebeldes, y atajar el fuego desviando la materia. » Repitió lo que habia padecido por no faltar á su palabra, y tocó ligeramente los recelos que mas le congojaban; pero fueron tan rendidas las instancias que hizo á Cortés para que no le replicase, que se descubrian las influencias del temor en las eficacias del ruego.

Réponse de Cortés aux raisons de Montézuma.

Hallábase ya Hernan Cortés con dictámen de que le convenia retirarse por entónces, aunque no sin esperanzas de volver á la empresa con mayor fundamento : y sirviéndose de lo que llevaba discurrido, para estrañar ménos esta preposicion, le respondió sin detenerse : « Que su ánimo y su entendimiento estaban conformes en obedecerle con ciega resignacion, porque solo deseaba ejecutar lo que fuese de su mayor agrado, sin discurrir en los motivos de aquella resolucion, ni detenerse á representar inconvenientes que tendria previstos y considerados, en cuyo exámen debe rendir su juicio el inferior, ó suele bastar por razon la voluntad de los príncipes. Que sentiria mucho apartarse de su lado sin dejarle restituido en la obediencia de sus vasallos, particularmente cuando pedia mayor precaucion la circunstancia de haberse declarado la nobleza por los populares : novedad que necesitaba de todo su cuidado, porque los nobles, roto una vez el freno de su obligacion, se hallan mas cerca de los mayores atrevimientos. Pero que no le tocaba formar dictámenes que pudiesen retardar su obediencia, cuando le proponia como remedio necesario su jornada, conociendo la enfermedad y los humores de que adolecia su república : sobre cuyo presupuesto, y la certidumbre de que marcharia luego con su ejército la vuelta de Zempoala, debia suplicarle que ántes de su partida hiciese dejar las armas á sus vasallos, porque no seria de buena consecuencia que atribuyesen á su rebeldía lo que debian á la benignidad de su rey ; cuyo reparo hacia mas por el decoro de su autoridad, que porque le diese cuidado la obstinacion de aquellos rebeldes, pues dejaba el empeño de castigarlos por complacerle, llevando en su espada y en el valor de los suyos todo lo que habia menester para retirarse con seguridad. »

Montézuma se montre aux mutins. — Langage qu'il leur tient.

Hízose adornar de las vestiduras reales : pidió la diadema y el manto imperial : no perdonó las joyas de los actos públicos, ni otros resplandores afectados que publicaban su desconfianza; dando á entender con este cuidado que necesitaba de accidentes su presencia para ganar el respeto de los ojos, ó que le convenia socorrerse de la púrpura y el oro para cubrir la flaqueza interior de la magestad. Con todo este aparato, y con los mejicanos principales que duraban en su servicio, subió al terrado contrapuesto á la mayor avenida. Hizo calle la guarnicion, y asomándose uno de ellos al pretil, dijo en voces altas que previniesen todos su atencion y su reverencia, porque se habia dignado el gran Motezuma de salir á escucharlos y favorecerlos. Cesaron los gritos al oir su nombre, y cayendo el terror sobre la ira, quedaron apagadas las voces, y amedrentada la respiracion. Dejóse ver entónces de la muchedumbre, llevando en el semblante una severidad apacible, compuesta de su enojo y su recelo. Doblaron muchos la rodilla cuando le descubrieron, y los mas se humillaron hasta poner el rostro con la tierra, mezclándose la razon de temerle con la costumbre de adorarle. Miró primero á todos, y despues á los nobles, con ademan de reconocer á los que conocia. Mandó que se acercasen algunos, llamándolos por sus nombres. Honrólos con el título de amigos y parientes, forcejando con su indignacion. Agradeció el afecto con que deseaban su libertad, sin faltar á la decencia de las palabras; y su razonamiento (aunque le hallamos referido con alguna diferencia) fué, segun dicen los mas, en esta conformidad :

« Tan léjos estoy, vasallos mios, de mirar como delito esta conmocion de vuestros corazones, que no puedo negarme inclinado á vuestra disculpa. Esceso fué tomar las armas sin mi licencia; pero esceso de vuestra fidelidad. Creisteis, no sin alguna razon, que yo estaba en este palacio de mis predecesores detenido y violentado : y el sacar de opresion á vuestro rey es empeño grande para intentado sin desórden : que no hay leyes que puedan sujetar el nimio dolor á los términos de la prudencia; y aunque tomasteis con poco fundamento la ocasion de vuestra inquietud (porque yo estoy sin violencia entre los forasteros que tratais como enemigos), ya veo que no es descrédito de vuestra voluntad el engaño de vuestro discurso. Por mi eleccion he perseverado con ellos, y he debido toda esta benignidad á su atencion, y todo este obsequio al principe que los envia. Ya estan despachados : ya he resuelto que se retiren, y ellos saldrán luego de mi córte; pero no es bien que me obedezcan primero que vosotros, ni que vaya delante de vuestra obligacion su cortesía. Dejad las armas, y venid como debeis á mi presencia, para que cesando el rumor y callando el tumulto, quedeis capaces de conocer lo que os favorezco en lo mismo que os perdono. »

Soins que prend Cortés du corps de Montézuma, dès qu'il est mort.

Su primera diligencia fué llamar á los criados del difunto, y elegir seis de los mas principales para que sacasen el cuerpo á la ciudad ; en cuyo número fueron comprendidos algunos prisioneros sacerdotes de los ídolos;

unos y otros oculares testigos de sus heridas y de su muerte. Ordenóles que dijesen de su parte á los príncipes que gobernaban el tumulto popular: « Que allí les enviaba el cadáver de su rey, muerto á sus manos, cuyo enorme delito daba nueva razon á sus armas. Que ántes de morir le pidió repetidas veces, como sabian, que tomase por su cuenta la venganza de su agravio, y el castigo de tan horrible conspiracion. Pero que mirando aquella culpa como brutalidad impetuosa de la ínfima plebe, y como atrevimiento, cuya enormidad habrian conocido y castigado los de mayor entendimiento y obligaciones, volvia de nuevo á proponer la paz, y estaba pronto á concedérsela, viniendo los diputados que nombrasen á conferir y á ajustar los medios que pareciesen convenientes. Pero que al mismo tiempo tuviesen entendido que, si no se ponian luego en la razon y en el arrepentimiento, serian tratados como enemigos, con la circunstancia de traidores á su rey, esperimentando los últimos rigores de sus armas: porque muerto Motezuma, cuyo respeto le detenia y moderaba, trataria de asolar y destruir enteramente la ciudad, y conocerian con tardo escarmiento lo que iba de una hostilidad poco mas que defensiva, en que solo se cuidaba de reducirlos, á una guerra declarada en que se llevaria delante de los ojos la obligacion de castigarlos. »

Qualités et défauts de Montézuma.

Fué Motezuma, príncipe de raras dotes naturales, de agradable y magestuosa presencia, de claro y perspicaz entendimiento, falto de cultura, pero inclinado á la sustancia de las cosas. Su valor le hizo el mejor entre los suyos ántes de llegar á la corona; y despues le dió entre los estraños la opinion mas venerable de los reyes. Tenia el genio y la inclinacion militar: entendia las artes de la guerra; y cuando llegaba el caso de tomar las armas, era el ejército su córte. Ganó por su persona y direccion nueve batallas campales, conquistó diferentes provincias, y dilató los límites de su imperio, dejando los resplandores del sólio por los aplausos de la campaña, y teniendo por mejor cetro el que se forma del baston. Fué naturalmente dadivoso y liberal: hacia grandes mercedes sin género de ostentacion, tratando las dádivas como deudas, y poniendo la magnificencia entre los oficios de la magestad. Amaba la justicia, y celaba su administracion en los ministros con rígida severidad. Era contenido en los desórdenes de la gula, y moderado en los incentivos de la sensualidad. Pero estas virtudes, tanto de hombre como de rey, se deslucian ó apagaban con mayores vicios de hombre y de rey. Su continencia le hacia mas vicioso que templado, pues se introdujo en su tiempo el tributo de las concubinas, naciendo la hermosura en todos sus reinos esclava de sus moderaciones: desordenado el antojo, sin hallar disculpa en el apetito. Su injusticia tocaba en el estremo contrario, y llegó á equivocarse con su crueldad; porque trataba como venganzas los castigos, haciendo muchas veces el enojo lo que pudiera la razon. Su liberalidad ocasionó mayores daños que produjo beneficios, porque llegó á cargar sus reinos de imposiciones y tributos intolerables, y se convertia en sus profusiones y desperdicios el fruto aborrecible de su iniquidad. No daba medio ni admitia distincion entre la esclavitud y el vasallage: y hallando política en la opresion de sus vasallos, se agradaba mas de su temor que de su paciencia. Fué la soberbia su vicio capital y predominante: votaba por sus méritos, cuando encarecia su fortuna: y pensaba de sí mejor que de sus dioses; aunque fué sumamente dado á la supersticion de su idolatría, y el demonio llegó á favorecerle con frecuentes visitas, cuya malignidad tiene sus hablas y visiones para los que llegan á cierto grado en el camino de la perdicion.

**Comment les Mexicains dépeignent l'assaut de leur temple.
Réflexions de Solis sur la véracité historique.**

Hicieron tanto aprecio los mejicanos de este asalto del adoratorio, que le pintaron como acaecimiento memorable: y se hallaron despues algunos lienzos que contenian toda la faccion: el acontecimiento de las gradas: el combate del atrio; y daban últimamente ganado el puesto á sus enemigos, sin perdonar el incendio y la ruina de los torreones, ni atreverse á torcer lo sustancial del suceso, por ser estas pinturas sus historias, cuya fe veneraban, teniendo por delito el engaño de la posteridad. Pero se hizo justo reparo en que no les faltase malicia para fingir algunos adminiculos que miraban al crédito de su nacion. Pintaron muchos españoles muertos, despeñados y heridos: cargando la mano en el destrozo que no hicieron sus armas, y dejando, al parecer, colorida la pérdida con la circunstancia de costosa. Falta de puntualidad, en que no pudieron negar la profesion de historiadores, entre los cuales viene á ser vicio como familiar este género de cuidado con que se refieren los sucesos, torciendo sus circunstancias hácia la inclinacion que gobierna la pluma: tanto, que son raras las historias en que no se conozca por lo escrito la patria ó el afecto del escritor. Plutarco, en la Gloria de los Atenienses, halló alguna paridad entre la historia y la pintura. Quiere que sea un país bien delineado, que ponga delante de los ojos lo que refiere. Pero nunca se verifica mas en la pluma la semejanza del pincel, que cuando se aliña el país en que se retratan los sucesos con este género de pinceladas artificiosas, que pasan como adornos de la narracion, y son distancias de la pintura, que pudieran llamarse léjos de la verdad.

Propositions faites à Cortés par les Mexicains. — Réponse du général espagnol.

El dia siguiente hicieron llamada los mejicanos, y fueron admitidos no sin esperanza de algun acuerdo conveniente. Salió Hernan Cortés á escucharlos desde la muralla: y acercándose algunos de los nobles con poco séquito, le propusieron de parte del nuevo emperador: « Que tratase de marchar luego con su ejército á la marina donde le aguardaban sus grandes canoas, y cesaria la guerra por el tiempo de que necesitase para disponer su jornada. Pero que no determinándose á tomar luego esta resolucion, tuviese por cierto que se perderian él y todos los suyos irremediablemente: porque ya tenian esperiencia de que no eran inmortales; y cuando les costase veinte mil hombres cada español que muriese, les sobraria mucha gente para cantar la última victoria. » Respondióles Hernan Cortés: « Que sus españoles nunca presumieron de inmortales, sino de valerosos y esforzados sobre todos los mortales; y tan superiores á los de su nacion, que sin mas fuerzas, ni mayor número de gente, le bastaba el ánimo á destruir, no solamente la ciudad, sino todo el imperio mejicano. Pero que doliéndose de lo que habian padecido por su obstinacion, y hallándose ya sin el motivo de su embajada, muerto el gran Motezuma, cuya benignidad y atenciones le detenian, estaba resuelto á retirarse, y lo ejecutaria sin dilacion, asentándose de una parte y otra los pactos que fuesen convenientes para la disposicion de su viaje. » Dieron á entender los mejicanos que volvian satisfechos y bien despachados: y á la verdad llevaron la respuesta que deseaban, aunque tenia su malignidad oculta la proposicion.

Discussion sur la manière d'opérer le départ de Mexico,
ou le jour ou la nuit.

Dividiéronse los votos, y paró en disputa la conferencia : unos que se hiciese de noche la retirada; otros que fuese de dia : y por ambas partes habia razones que proponer y que impugnar.

Los primeros decian : « Que no siendo contrarios el valor y la prudencia, se debia elegir el camino mas seguro: que los mejicanos, fuese costumbre ó supersticion, dejaban las armas en llegando la noche; y entónces se debia suponer que los tendria ménos desvelados la misma plática de la paz, que juzgaban introducida y abrazada : y que siendo su intencion el embarazar la salida, como lo daban á entender sus prevenciones, se considerase cuanto se debia temer una batalla en el paso de la misma laguna, donde no era posible doblarse, ni servirse de la caballería, descubiertos los dos costados á las embarcaciones enemigas, y obligados á romper por la frente, y resistir por la retaguardia. » Los que llevaban la contraria opinion decian : « Que no era practicable intentar de noche una marcha con bagaje y artillería por camino incierto, y levantado sobre las aguas, cuando la estacion del tiempo nublado entónces y lluvioso, daba en los ojos con la ceguedad y el desacierto de semejante resolucion : que la faccion de mover un ejército con todos sus impedimentos, y con el embarazo de ir echando puentes para franquear el paso, no era obra para ejecutada sin ruido y sin detencion; ni en la guerra eran seguras las cuentas alegres sobre los descuidos del enemigo, que alguna vez se pueden lograr, pero nunca se deben presumir : que la costumbre que se daba por cierta en los mejicanos de no tomar las armas en llegando la noche, demas de haberse visto interrumpida en la faccion de poner fuego al cuartel, y en la de ocupar el adoratorio, no era bastante prenda para creer que hubiesen abandonado enteramente la única surtida que debian asegurar: y que siempre tendrian por menor inconveniente salir peleando á riesgo descubierto, que hacer una retirada con apariencias de fuga, para llegar sin crédito al abrigo de las naciones confederadas, que acaso desestimarian su amistad, perdido el concepto de su valor, ó por lo ménos seria mala política necesitar de los amigos, y buscarlos sin reputacion. »

Neutralité de Fernand Cortés dans cette discussion. — Vaine prédiction d'un astrologue.

No se puede negar que se portó Hernan Cortés en esta controversia de sus capitanes con mas neutralidad, ó ménos accion que solia. Túvose por cierto que llegó á la junta inclinado á lo mismo que se resolvió, por haber atendido á la vana prediccion de un astrólogo, que al entrar en ella, le aconsejó misteriosamente que marchase aquella misma noche, porque se perderia la mayor parte de su ejército, si dejaba pasar cierta constelacion favorable, que andaba cerca de terminar en otro aspecto infortunado. Llamábase Botello este adivino, soldado español, de plaza sencilla, y mas conocido en el ejército por el renombre del nigromántico, á que respondia sin embarazarse, teniendo este vocablo por atributo de su habilidad: hombre sin letras ni principios, que se preciaba de penetrar los futuros contingentes; pero no tan ignorante como los que saben con fundamento las artes diabólicas, ni tan sencillo que dejase de gobernarse por algunos caractéres, números ó palabras de las que tienen dentro de sí la estipulacion abominable del primer engañado. Relase ordinariamente Cortés· de sus pronósticos, despreciando el sugeto por la profesion: y entónces le oyó con el mismo desprecio; pero incurrió en la culpa de oirle, poco menos que la de consultarle; y cuando nece-

sitaba de su prudencia para elegir lo mejor, se le llevó
tras si el vaticinio despreciado. Gente perjudicial, y observaciones peligrosas, que deben aborrecer los mas advertidos, y particularmente los que gobiernan; porque al
mismo tiempo que se conoce su vanidad, dejan preocupado el corazon con algunas especies que inclinan al temor ó á la seguridad: y cuando llega el caso de resolver,
suelen alzarse con el oficio del entendimiento las aprehensiones ó los desvaríos de la imaginacion.

**Prudence des Mexicains dans leurs préparatifs d'attaque contre
les Espagnols.**

Fué digna de admiracion en aquellos bárbaros la maes-
tría con que dispusieron su faccion, y observaron con vi-
gilante disimulacion el movimiento de sus enemigos. Juntaron y distribuyeron sin rumor la multitud inmanejable
de sus tropas: sirviéronse de la oscuridad y del silencio
para lograr el intento de acercarse sin ser descubiertos.
Cubrióse de canoas armadas el ámbito de la laguna, que
venian por los dos costados sobre la calzada, entrando
al combate con tanto sosiego y desembarazo, que se oyeron sus gritos, y el estruendo belicoso de sus caracoles,
casi al mismo tiempo que se dejaron sentir los golpes de
sus flechas.
Pereciera sin duda todo el ejército de Cortés, si hubieran
guardado los indios en el pelear la buena ordenanza que
observaron al acometer; pero estaba en ellos violenta la
moderacion, y al empezar la cólera, cesó la obediencia y
prevaleció la costumbre, cargando de tropel sobre la parte
donde reconocieron el bulto del ejército, tan oprimidos
unos de otros, que se hacian pedazos las canoas, cho-
chando en la calzada; y era segundo peligro de las que
se acercaban el impulso de las que procuraban adelantarse. Hicieron sangriento destrozo los españoles en
aquella gente desnuda y desordenada; pero no bastan las

fuerzas al continuo ejercicio de las espadas y los chuzos:
y á breve rato se hallaron tambien acometidos por la
frente, y llegó el caso de volver las caras á lo mas ejecu-
tivo del combate; porque los indios que se hallaban distantes, ó los que no pudieron sufrir la pereza de los remos, se arrojaron al agua, y sirviéndose de su agilidad
y de sus armas, treparon sobre la calzada en tanto número, que no quedaron capaces de mover las armas:
cuyo nuevo sobresalto tuvo en aquella ocasion circunstancias de socorro; porque fueron fáciles de romper, y
muriendo casi todos, bastaron sus cuerpos á cegar el canal, sin que fuese necesario otra diligencia que irlos arrojando en él para que sirviesen de puente al ejército.
Así lo refieren algunos escritores; aunque otros dicen
que se halló dichosamente una viga de bastante latitud,
que dejaron sin romper en la segunda puente, por la cual
pasó desfilada la gente, llevando por el agua los caballos al arbitrio de la rienda. Como quiera que sucediese
(que no son fáciles de concordar estas noticias, ni todas
merecen reflexion), la dificultad de aquel paso inescusable
se venció, mediando la industria ó la felicidad: y la vanguardia prosiguió su marcha sin detenerse mucho en el
último canal; porque se debió á la vecindad de la tierra
la diminucion de las aguas, y se pudo esguazar fácilmente lo que restaba del lago: teniéndose á dicha particular que los enemigos, de tanta gente como les sobraba, no hubiesen echado alguna de la otra parte; porque
fuera entrar en nueva y mas peligrosa disputa los que
iban saliendo á la ribera fatigados y heridos, con el agua
sobre la cintura; pero no cupo en su advertencia esta
prevencion, ni, al parecer, descubrieron la marcha; ó
seria lo mas cierto que no se hizo lugar entre su confusion y desórden el intento de impedirla.

Dans les moments difficiles, Cortés consultait toujours ses
capitaines.

Cuidaba de todo Hernan Cortés, sin apartar la imaginacion del empeño en que se hallaba : y ántes de retirarse á reparar las fuerzas con algun rato de sosiego,
llamó á sus capitanes para conferir brevemente con ellos
lo que se debia ejecutar en aquella ocurrencia. Ya lo llevaba premeditado ; pero siempre se recataba de obrar por
sí en las resoluciones aventuradas, y era grande artífice
de atraer los votos á lo mejor, sin descubrir su dictámen,
ni socorrerse de su autoridad. Propuso las operaciones
con sus inconvenientes, dejándoles arbitrio entre lo posible y lo dificultoso. Entró suponiendo : « Que no era
para dos veces la congoja en que se vieron aquella tarde,
ni se podia repetir sin temeridad el empeño de marchar
peleando con un ejército de número tan desigual, obligados á traer en contrario movimiento las manos y los pies.»
A que añadió : « Que para evitar esta resolucion tan peligrosa, y de tantos inconvenientes, habia discurrido en
asaltar al enemigo en su alojamiento con el favor de la
noche ; pero que le parecia diligencia infructuosa, porque
solo se habia de conseguir que huyese la multitud para
volverse á juntar : costumbre á que se reducia lo mas
prolijo de aquella guerra. Que despues habia pensado en
mantener aquel puesto, esperando en él á que se cansa-
sen los mejicanos de asistir en la campaña ; pero que la
falta de bastimentos, que ya se padecia, dejaba este recurso en términos de impracticable. » Y últimamente dijo :
« Que tambien se le habia ofrecido si convendria, y esto
era lo que llevaba resuelto, marchar aquella misma noche, y amanecer dos ó tres leguas de aquel parage : que
no moviéndose los enemigos, segun su estilo, hasta la
mañana, tendria la conveniencia de adelantar el camino
sin otro cuidado : y cuando se resolviesen á seguir el al-

cance, llegarian cansados, y seria mas fácil continuar la retirada con ménos briosa oposicion. Pero que viniendo tan quebrantado el ejército y tan fatigada la gente, seria inhumanidad fuera de toda razon ponerla, sin nueva causa, en el trabajo de una marcha intempestiva, oscura la noche, y el camino incierto: aunque la ocasion ó el aprieto en que se hallaban pedia remedios estraordinarios, breve determinacion; y donde nada era seguro, pesar las dificultades, y fiar el acierto del menor inconveniente. »

Bataille des Espagnols et des Tlascaltéques contre les Indiens.

Reconocida por todo el ejército la nueva dificultad á que debian preparar el ánimo y las fuerzas, volvió Hernan Cortés á examinar los semblantes de los suyos con aquel brio natural que hablaba sin voz á los corazones; y hallándolos mas cerca de la ira que de la turbacion: *Llegó el caso*, dijo, *de morir ó vencer: la causa de nuestro Dios milita por nosotros.* Y no pudo proseguir, porque los mismos soldados le interrumpieron clamando por la órden de acometer, con que solo se detuvo en prevenirlos de algunas advertencias que pedia la ocasion: y apellidando, como solia, unas veces á Santiago, y otras á san Pedro, avanzó prolongada la frente del escuadron, para que fuese unido el cuerpo del ejército con las alas de la caballería, que iba señalada para defender los costados y asegurar las espaldas. Dióse tan á tiempo la primera carga de arcabuces y ballestas, que apénas tuvo lugar el enemigo para servirse de las armas arrojadizas. Hicieron mayor daño las espadas y las picas, cuidando al mismo tiempo los caballos de romper y desbaratar las tropas que se inclinaban á pasar de la otra banda, para sitiar por todas partes el ejército. Ganóse alguna tierra de este primer avance. Los españoles no daban golpe sin herida ni herida que necesitase de segundo golpe. Los tlascaltecas

se arrojaban al conflicto con sed rabiosa de la sangre mejicana; y todos tan dueños de su cólera, que mataban con
eleccion, buscando primero á los que parecian capitanes.
Pero los indios peleaban con obstinacion, acudiendo ménos unidos que apretados á llenar el puesto de los que
morian : y el mismo estrago de los suyos era nueva dificultad para los españoles, porque se iba cebando la batalla con gente de refresco. Retirábase, al parecer, todo
el ejército cuando cerraban los caballos, ó salian á la vanguardia las bocas de fuego; y volvia con nuevo impulso
á cobrar el terreno perdido, moviéndose á una parte y
otra la muchedumbre con tanta velocidad, que parecia un
mar proceloso de gente la campaña, y no lo desmentian
los flujos y reflujos.

Fêtes de Tlascala pour célébrer la victoire.

Dióse principio aquella misma tarde á las fiestas del
triunfo, que se continuaron por algunos dias, dedicando
todos sus habilidades al divertimiento de los huéspedes,
y al aplauso de la victoria, sin escepcion de los nobles, ni
de los mismos que perdieron amigos ó parientes en la
batalla : fuese por no dejar de concurrir á la comun alegría, ó por no ser permitido en aquella nacion belicosa
tener por adversa la fortuna de los qua morian en la
guerra. Ya se ordenaban desafíos con premios destinados
al mayor acierto de las flechas : ya se competia sobre las
ventajas del salto y la carrera : ya ocupaban la tarde
aquellos funámbulos ó volatines, que se procuraban es-
ceder en los peligros de la maroma, ejercicio á que tenian
particular aplicacion, y en que se llevaba el susto parte
del entretenimiento. Pero se alegraban siempre los fines
y las veras del espectáculo con los bailes y danzas de invenciones y disfraces : fiesta de la multitud en que se daba
libertad al regocijo y quedaban por cuenta del ruido bu-
llicioso las últimas demostraciones del aplauso.

Cortés avait été blessé. — Un moment la blessure mit sa vie en danger. — Le Sénat mande des médecins qui guérissent le malade.

Agravóse con accidentes de mala calidad la herida que recibió Hernan Cortés en la cabeza : venia mal curada, y el sobrado ejercicio de aquellos dias trujo al cerebro una inflamacion vehemente con recias calenturas que postraron el sugeto y las fuerzas, reduciéndole á términos que se llegó á temer el peligro de su vida.

Sintieron los españoles este contratiempo como amenaza de que pendia su conservacion y su fortuna; pero fué mas reparable, por ménos debida, la turbacion de los indios, que apénas supieron la enfermedad, cuando cesaron sus fiestas, y pasaron todos al estremo contrario de la tristeza y desconsuelo. Los nobles andaban asombrados y cuidadosos, preguntando á todas horas por el téule; nombre, que daban á sus semidioses, ó poco ménos que deidades. Los plebeyos solian venir en tropas á lamentarse de su pérdida : y era menester engañarlos con esperanzas de la mejoría para reprimirlos y apartarlos donde no hiciesen daño sus lástimas á la imaginacion del enfermo. Convocó el senado los médicos mas insignes de su distrito, cuya ciencia consistia en el conocimiento y eleccion de las yerbas medicinales, que aplicaban con admirable observacion de sus virtudes y facultades, variando el medicamento segun el estado y accidentes de la enfermedad : y se les debió enteramente la cura; porque sirviéndose primero de unas yerbas saludables y benignas para corregir la inflamacion y mitigar los dolores, de que procedia la calentura, pasaron por sus grados á las que disponian y cerraban las heridas con tanto acierto y felicidad, que le restituyeron brevemente á su perfecta salud. Hase de los empíricos la medicina racional : que á los principios todo fué de la esperiencia:

y donde faltaba la natural filosofía, que buscó la causa
por los efectos, no fué poco hallar tan adelantado el ma-
gisterio primitivo de la misma naturaleza. Celebróse con
nuevos regocijos esta noticia. Conoció Hernan Cortés
con otra esperiencia mas el afecto de los tlascaltecas : y
libre ya la cabeza para discurrir, volvió á la fábrica de
sus altos designios, tirar nuevas líneas, dirigir inconvenientes, y apartar dificultades : batalla interior de argumentos y soluciones, en que trabajaba la prudencia para
componerse con la magnanimidad.

Le jeune Jicotental trame une nouvelle conspiration contre les
   Espagnols. — Il est condamné à mort, même par son père.

Esta diligencia de los mejicanos, aunque frustrada con
tanta satisfaccion de los españoles, no dejó de traer algun inconveniente, de que se empezó á formar otro cuidado. Calló Jicotencal el mozo en la junta de los senadores
su dictámen, dejándose llevar del voto comun, porque
temió la indignacion de sus compañeros, ó porque le detuvo el respeto de su padre ; pero se valió despues de la
misma embajada para verter entre sus amigos y parciales
el veneno de que tenia preocupado el corazon : sirviéndose de la paz que proponian los mejicanos, no porque
fuese de su genio ni de su conveniencia ; sino por esconder en este motivo especioso la fealdad ignominiosa de
su envidia y dañada intencion. « El emperador mejicano,
decia, cuya potencia formidable nos trae siempre con las
armas en las manos, y envueltos en la continua infelicidad de una guerra defensiva, nos ruega con su amistad,
sin pedirnos otra recompensa que la muerte de los españoles, en que solo nos propone lo que debiamos ejecutar
por nuestra propia conveniencia y conservacion : pues
cuando perdonemos á estos advenedizos el intento de
aniquilar y destruir nuestra religion, no se puede negar
que tratan de alterar nuestras leyes y forma de gobierno,

convirtiendo en monarquía la república venerable de los tlascaltecas, y reduciéndolos al dominio aborrecible de los emperadores : yugo tan pesado y tan violento, que aun visto en la cerviz de nuestros enemigos, lastima la consideracion. » No le faltaba elocuencia para vestir de razones aparentes su dictámen, ni osadia para facilitar la ejecucion ; y aunque le contradecian y procuraban disuadir algunos de sus confidentes, como estaba en reputacion de gran soldado, se pudo temer que tomase cuerpo su parcialidad en una tierra donde bastaba el ser valiente para tener razon. Pero estaba tan arraigado en los ánimos el amor de los españoles, que se hicieron poco lugar sus diligencias, y llegaron luego á la noticia de los magistrados. Tratóse la materia en el senado con toda la reserva que pedia un negocio de semejante consideracion, y fué llamado á esta conferencia Jicotencal el viejo ; sin que bastase la razon de ser hijo suyo el delincuente, para que se desconfiase de su entereza y justificacion.

Acriminaron todos este atentado como indigna cavilacion de hombre sedicioso, que intentaba perturbar la quietud pública, desacreditar las resoluciones del senado, y destruir el crédito de su nacion. Inclináronse algunos votos á que se debia castigar semejante delito con pena de muerte, y fué su padre uno de los que mas esforzaron este dictámen, condenando en su hijo la traicion, como juez sin afectos, ó mejor padre de la patria.

Cortés passe l'armée en revue. — Jicotental en fait autant, pour flatter Cortés par ce genre d'imitation.

El dia seguiente á esta determinacion pasó muestra el ejército de los españoles, y se hallaron quinientos y cuarenta caballos y nueve piezas de artillería que se hicieron traer de los bajeles. Ejecutóse á vista de innumerable concurso esta funcion : y tuvo circunstancias de alarde, porque se atendió ménos á registrar el número de la gente que á la ostentacion del espectáculo : sirviendo al intento de hacerle mas recomendable y lucido la gala de los soldados: el tremola, de las banderas, el manejo de los caballos, y el uso de las armas, con que se prevenia la reverencia del general, ejecutado uno y otro con tanto brio y puntualidad, que se conoció repetidas veces el aplauso de la muchedumbre, y llevó que aprender la milicia forastera. Quiso despues Jicotencal el mozo, que iba por general de la república, pasar la muestra de su gente no porque usasen los de su nacion este género de aparato para contar sus ejércitos, sino por lisonjear á Hernan Cortés con la imitacion de sus españoles. Pasaron delante los timbales y bocinas con los demas instrumentos de su milicia : despues los capitanes en hileras vistosamente ataviados con grandes penachos de varios colores, algunas joyas pendientes de las orejas y los labios : las macanas ó montantes con la guarnicion sobre el brazo izquierdo , y con las puntas en alto ; llevaban todos sus pages de gineta con los escudos ó rodelas, en que iban reducidos á varias figuras los desprecios de sus enemigos, ó las jactancias de su valor. Cumplieron á su modo con la reverencia de los dos generales, y pasaron despues las compañias en tropas diferentes, que se distinguian por el color de las plumas, y por las insignias tambien de varias figuras de animales, que sobresaliendo á las picas hacian oficio de banderas. Constaria todo el ejército do hasta diez mil hombres de buena calidad, aunque la prevencion de la república era mucho mayor; pero quedó aplicado el resto de sus levas para que asistiese á la conduccion de los bergantines ; cuya seguridad era de tanta consecuencia, que recibió el senado como favor lo que pudiera sentir como desvío.

Exhortation qu'adresse Cortés aux chefs des Indiens. — Son discours aux Espagnols.

Llamó luego al general y cabos principales de aquellas naciones, y con sus intérpretes les hizo una breve exhortacion pidiéndoles : « Que animasen á su gente con la esperanza del comun interes, pues iban á pelear por su libertad y la de su patria : que se deshiciesen de todos los que no fuesen voluntarios : que castigasen con particular cuidado los escesos que se cometiesen contra las ordenanzas ; y sobre todo, que les pusiesen delante la obligacion en que se hallaban de imitar á sus amigos los españoles, no solo en las hazañas del valor, sino en la moderacion de las costumbres. »

Partieron ellos á obedecerle, y vuelto á los suyos, que ya callaban, dando á entender que atendian : « No trato, amigos y compañeros, dijo, de acordaros ni engrandeceros el empeño en que os hallais de obrar como españoles en esta empresa, porque tengo conocido el esfuerzo de vuestros corazones ; y no solo debo confesar la esperiencia sino la envidia de vuestras hazañas. Lo que os propongo ménos como superior que como uno de vosotros, es que pongamos todos con igual diligencia la vista y la consideracion en esa multitud de indios que nos sigue, tomando por suya nuestra causa : demostracion que nos ha puesto en dos obligaciones, dignas ambas de nuestro cuidado: la primera, de tratarlos como amigos, sufriéndolos, si fuere necesario, como á ménos capaces de razon : y la otra, de advertirlos con nuestro proceder lo que deben observar en el suyo. Ya llevais entendidas las ordenanzas que se han intimado á todos : cualquiera delito contra ellas tendrá en vosotros su propia malicia, y la malicia del ejemplo. Cada uno debe reparar en lo que podrán influir sus trasgresiones ; ó será fuerza que reparemos los demas en lo que importan las influencias del castigo. Sentiré

mucho hallarme obligado á proceder contra el menor de
mis soldados; pero será este sentimiento como dolor
inescusable, y andarán juntas en mi resolucion la justicia
y la paciencia.

Ya sabeis la faccion grande á que nos disponemos :
obra será digna de historia conquistar un imperio á
nuestro rey : las fuerzas que veis, y las que se irán
juntando, serán proporcionadas al heróico intento. Y
Dios, cuya causa defendemos, va con nosotros, que nos
ha mantenido á fuerza de milagros : y no es posible que
desampare una empresa en que se ha declarado tantas
veces por nuestro capitan. Sigámosle pues, y no le desobliguemos. » Y volviendo á decir : *Sigámosle, y no le
desobliguemos,* acabó su oracion, ó porque no halló mas
que decir, ó porque lo dijo todo : y dió principio á la
marcha, llevando en el oido las aclamaciones de su gente,
y teniendo á buen pronóstico aquel contento con que le
seguian, aquella casualidad extraordinaria con que se há-
bian multiplicado sus españoles, y aquel fervor oficioso con
que asistian aquellas naciones. Todo lo consideraba como
señal oportuna, ó como feliz auspicio del suceso, no porque hiciese mucho caso de semejantes observaciones;
pero algunas veces se descuida el entendimiento para que
se divierta la esperanza con lo que sueña la imaginacion.

Ce que le plus ancien des nobles de Tezcuco raconte à Cortés.
— Conduite de Cortés. — Couronnement du nouveau roi de
Tezcuco.

El mas anciano de aquellos nobles le refirió : « Que Cacumatzin, señor de Tezcuco, no era dueño propietario de
aquella tierra, sino un tirano el mas horrible que llegó á
producir entre sus monstruos la naturaleza : porque habia
muerto violentamente y por sus manos á Nezabal su hermano mayor, para echarle de la silla, y arrancar de sus
sienes la corona. Que aquel príncipe, á quien habia to-

cado el hablar por todos, como el primero de los nobles era hijo legítimo del rey difunto; pero que su corta edad negoció el perdon, ó mereció el desprecio del tirano: y él, conociendo el peligro que le amenazaba, supo esconder su queja con tanta sagacidad que ya pasaba por falta de espíritu su disimulacion. Que toda esta maldad se habia fraguado y dispuesto con noticia y asistencias del emperador mejicano que antecedió á Motezuma, y de nuevo le favorecia el emperador que reinaba entónces, procurando servirse de su alevosía para destruir los españoles. Pero que la nobleza de Tezcuco aborrecia mortalmente las violencias de Cacumatzin: y todos sus pueblos tenian por insufrible su dominio, solo trataba de oprimirlos, cerrando el camino de sujetarlos. »

En este sentir se hizo entender aquel anciano; y apénas lo acabó de percibir Hernan Cortés, cuando le ocurrió en un instante lo que debia ejecutar. Acercóse al príncipe desposeido con algo de mayor reverencia: y poniéndole á su lado, convocó los demas nobles que aguardaban su resolucion, y les dijo, mandando levantar la voz á sus intérpretes: « Aquí teneis, amigos, al hijo legítimo de vuestro legítimo rey. Ese injusto dueño, que tiene mal usurpada vuestra obediencia, empuñó el cetro de Tezcuco recien teñido en la sangre de su hermano mayor: y como no es dada la ciencia de conservar á los tiranos, reinó como se hizo rey, despreciando el aborrecimiento, por conseguir el temor de sus vasallos, y tratando como esclavos á los que habian de tolerar su delito: y últimamente con la vileza de abandonaros en el riesgo, desestimando vuestra defensa, os ha descubierto su falta de valor, y puesto en las manos el remedio de vuestra infelicidad. Pudiera yo, si no fueran otras mis obligaciones, servirme de vuestro desamparo, y recurrir al derecho de la guerra, sujetando esta ciudad, que tengo, como veis, al arbitrio de mis armas; pero los españoles nos inclinamos dificultosamente á la sinrazon; y no siendo en la sustancia vuestro rey el que nos hizo la ofensa, ni vosotros debeis padecer como vasallos suyos, ni este príncipe quedar sin el reino que le dió la naturaleza. Recibidle de mi mano como le recibisteis del cielo. Dadle por mí la obediencia que le debeis por la sucesion de su padre. Suba en vuestros hombros á la silla de sus mayores : que yo, ménos atento á mi conveniencia que á la equidad y á la justicia, quiero mas su amistad que su reino, y mas vuestro agradecimiento que vuestra sujecion. »

Tuvo grande aplauso esta proposicion de Cortés entre aquellos nobles. Oyeron lo que deseaban ó se hallaron sin lo que temian : porque unos se arrojaron á sus pies, agradeciendo su benignidad; y otros, acudiendo primero á la obligacion natural, se adelantaron á besar la mano á su principe. Divulgóse luego esta noticia en la ciudad, y empezaron las voces á manifestar el alborozo del pueblo, que tardó poco en significar su aceptacion con los gritos, bailes y juegos de que usaban en sus fiestas, sin perdonar demostracion alguna de aquellas con que suele adornar sus locuras el contento popular.

Reservóse para el dia siguiente la coronacion del nuevo rey, que se celebró con toda la solemnidad y ceremonias que ordenaban sus leyes municipales, asistiendo al acto Hernan Cortés, como dispensador ó donatario de la corona : con que tuvo su participacion del aura popular, y quedó mas dueño de aquella gente que si la hubiera conquistado : siendo este uno de los primores que le dieron nombre de advertido capitan. porque le importaba en todo caso tener por suya esta ciudad para la empresa de Méjico, y halló camino de obligar al nuevo rey con el mayor de los beneficios temporales : de interesar á la nobleza en su restitucion, dejándola irreconciliable con el tirano : de ganar al pueblo con su desinteres y justificacion : y últimamente de conseguir la seguridad de su cuartel que por otro medio fuera dudosa, ó mas aventurada : quedando sobre todo con mayor satisfaccion de haber hecho en el desagravio de aquel príncipe lo que pedia la razon ; porque á vista de lo que importaban las demas conveniencias, daba el primer lugar á esta resolucion por ser mas de su genio, y porque siempre suponian algo ménos en su estimacion las operaciones de la prudencia que los aciertos de la generosidad.

Langage que tient Cortés aux prisonniers mexicains.

« Pudiera, segun el estilo de vuestra nacion, y segun aquella especie de justicia, en que hallan su razon las leyes de la guerra, tomar satisfaccion de vuestra iniquidad, sirviéndome del cuchillo y del fuego, para usar con vosotros de la misma inhumanidad que usais con vuestros prisioneros ; pero los españoles no hallamos culpa digna de castigo en los que se pierden sirviendo á su rey, porque sabemos diferenciar á los infelices de los delincuentes : y para que veais lo que va de vuestra crueldad á nuestra clemencia, os hago donacion á un tiempo de la vida y de la libertad. Partid luego á buscar las banderas de vuestro principe, y decidle de mi parte, pues sois nobles, y debeis observar la ley con que recibis el beneficio, que vengo á tomar satisfaccion de la mala guerra que se me hizo en mi retirada, rompiendo alevosamente los pactos con que me dispuse á ejecutarla : y sobre todo á vengar la muerte del gran Motezuma, principal motivo de mi enojo. Que me hallo con un ejército en que no solo viene multiplicado el número de los españoles invencibles, sino alistadas cuantas naciones aborrecen el nombre mejicano : y que brevemente le pienso buscar en su córte con todos los rigores de una guerra que tiene al cielo de su parte, resuelto á no desistir de tan justa indignacion, hasta dejar reducidos á polvo y ceniza todos sus dominios, y anegada en la sangre de sus vasallos la memoria de su nombre. Pero que si todavía, por escusar la propia ruina, y la desolacion de sus pueblos, se inclinare á la paz, estoy pronto á concedérsela, con aquellos partidos que fueren razonables : porque las armas de mi rey, imitando hasta en esto los rayos celestiales, hieren solo donde hallan resistencia, mas obligadas siempre á los dictámenes de la piedad que á los impulsos de la venganza. »

Spectacle qui s'offre à Gonzalvo de Sandoval en passant à Zulepeque.

Caminaba entre tanto Gonzalo de Sandoval la vuelta de Tlascala, y se detuvo un dia en Zulepeque, lugar poco distante del camino, que andaba fuera de la obediencia, sobre ser el mismo donde sucedió la muerte insidiosa de aquellos pobres españoles de la Vera Cruz que pasaban á Méjico. Llevaba órden para castigar ó reducir de paso esta poblacion; pero apénas volvió el ejército la frente para torcer la marcha, cuando los vecinos desampararon el lugar, huyendo á los montes. Envió Gonzalo de Sandoval tres ó cuatro compañías de tlascaltecas, con algunos españoles, en alcance de los fugitivos: y entrando en el pueblo, creció su irritacion y su impaciencia, con algunas señas lastimosas de la pasada iniquidad. Hallóse un rótulo escrito en la pared con letras de carbon, que decia : *En esta casa estuvo preso el sin ventura Juan Juste con otros muchos de su compañía.* Y se vieron poco despues en el adoratorio mayor las cabezas de los mismos españoles, maceradas al fuego, para defenderlas de la corrupcion. Pavoroso espectáculo, que conservando los horrores de la muerte, daba nueva fealdad á los horribles simulacros del demonio. Escitó entónces la piedad los espíritus de la ira : y Gonzalo de Sandoval resolvió salir con toda su gente á castigar aquella execrable atrocidad con el último rigor ; pero apénas se dispuso á ejecutarlo, y cuando volvieron las compañías que avanzaron de su órden, con grande número de prisioneros, hombres, mugeres y niños, dejando muertos en el monte á cuantos quisieron escapar, ó tardaron en rendirse. Ve-

nian maniatados y temerosos, significando con lágrimas y
alaridos su arrepentimiento. Arrojáronse todos á los pies
de los españoles, y tardaron poco en merecer su compasion. Hízose rogar de los suyos Gonzalo de Sandoval para
encarecer el perdon : y últimamente los mandó desatar,
y los dejó en la obediencia del rey, á que se obligaron
con el cacique los mas principales por toda la poblacion,
como lo cumplieron despues : hiciéselo el temor ó el agradecimiento.

Le palais du cacique de Guastepeque. — Son jardin.

Era el palacio un edificio tan suntuoso, que pudiera
competir con los de Motezuma, y de tanta capacidad, que
se alojaron dentro de él todos los españoles con bastante
desahogo. Por la mañana los llevó á ver una huerta que
tenia para su divertimiento, nada inferior á la que se
halló en Iztacpalapa, cuya grandeza y fertilidad mereció
admiracion entónces, porque no esperaban tanto los ojos;
y despues se halla referida entre las maravillas de aquel
nuevo mundo. Corria su longitud mas de media legua,
y poco ménos su latitud : cuyo plano, igual por todas
partes, llenaban con regular distribucion cuantos géneros de frutales y plantas produce aquella tierra, con varios estanques donde se recogian las aguas de los montes vecinos, y algunos espacios á manera de jardines, que
ocupaban las flores y yerbas medicinales, puestas en diferentes cuadros de mejor cultura y proporcion : obra de
hombre poderoso, con genio de agricultor, que ponia todo
su estudio en aliñar con los adornos del arte la hermosura de la naturaleza.

Entrée de Cortés dans Suchimilco. — Danger où il se trouve.

Dejó Hernan Cortés parte de su ejército en la campaña, para cubrir la retirada y embarazar las invasiones de afuera : y entró con el resto á proseguir el alcance, para cuyo efecto, señalando algunas compañias que apartasen la oposicion de las calles inmediatas, acometió por la principal, donde tenian los enemigos su mayor fuerza. Rompió con alguna dificultad la trinchera que defendian, y reincidió en la culpa de olvidar su persona en sacando la espada : porque se arrojó entre la muchedumbre con mas ardimiento que advertencia, y se halló solo con el enemigo por todas partes, cuando quiso volver al socorro de los suyos. Mantúvose peleando valerosamente hasta que se le rindió el caballo, y dejándose caer en tierra, le puso en evidente peligro de perderse : porque se abalanzaron á él los que se hallaron mas cerca, y ántes que se pudiese desembarazar para servirse de sus armas, le tuvieron poco ménos que rendido ; siendo entónces su mayor defensa lo que interesaban aquellos mejicanos en llevarle vivo á su príncipe. Hallábase á la sazon poco distante un soldado conocido por su valor, que se llamaba Cristobal de Olea, natural de Medina del Campo, y haciendo reparo en el conflicto de su general, convocó algunos tlascaltecas de los que peleaban á su lado, y embistió por aquella parte con tanto denuedo, y tan bien asistido de los que le seguian, que dando la muerte por sus manos á los que mas inmediatamente oprimian á Cortés, tuvo la fortuna de restituirle á su libertad : con que se volvió á seguir el alcance ; y escapando los enemigos á la parte del agua, quedaron por los españoles todas las calles de la tierra.

Mesures et soins que prend Cortés dans toute circonstance.

Estaban ya los bergantines en total disposicion para que se pudiese tratar de botarlos al agua, y el canal con el fondo y capacidad que habia menester para recibirlos. Ibanse adelantando las demas prevenciones que parecian necesarias. Hizose abundante provision de armas para los indios. Registráronse los almacenes de las municiones : requirióse la artillería : dióse aviso á los caciques amigos, señalándoles el dia en que se debian presentar con sus tropas : y se puso particular cuidado en los víveres que se conducian continuamente á la plaza de armas, parte por el interes de las rescates, y parte por obligacion de los mismos confederados. Asistia Hernan Cortés personalmente á los menores ápices de que se compone aquel todo que debe ir á la mano en las facciones militares, cuyo peligro procede muchas veces de faltas ligeras, y pide prolijidades á la providencia.

Conjuration de quelques Espagnols contre la vie de Cortés.
Exécution d'un des conspirateurs.

De esta sustancia fueron las noticias que dió el soldado, pidiendo la vida en recompensa de su fidelidad, por hallarse comprendido en la sedicion : y Hernan Cortés resolvió asistir personalmente á la prision de Villafaña, y á las primeras diligencias que se debian hacer para convencerlo de su culpa, en cuya direccion suele consistir el aclararse ó el oscurecerse la verdad. No pedia ménos cuidado la importancia del negocio, ni era tiempo de aguardar la madura inquisicion de los términos judiciales. Partió luego á ejecutar la prision de Villafaña, llevando consigo á los alcaldes ordinarios, con algunos de sus capitanes, y le halló en su posada, con tres ó cuatro de sus parciales. Adelantóse á deponer contra él su misma turbacion : y despues de mandarle aprisionar, hizo seña para que se retirasen todos, con pretesto de hacer algun exámen secreto : y sirviéndose de las noticias que llevaba, le sacó del pecho el papel del tratado, con las firmas de los conjurados. Leyóle, y halló en él algunas personas, cuya infidelidad le puso en mayor cuidado; pero recatándole de los suyos, mandó poner en otra prision á los que se hallaron con el reo : y se retiró, dejando su instruccion á los ministros de justicia, para que se fulminase la causa con toda la brevedad que fuese posible, sin hacer diligencia que tocase á los cómplices : en que hubo pocos lances : porque Villafaña, convencido con la aprehension del papel, y creyendo que le habian entregado sus amigos, confesó luego el delito : con que se fueron estrechando los términos, segun el estilo militar, y se pronunció contra él sentencia de muerte, la cual se ejecutó aquella misma noche, dándole lugar para que cumpliese con las obligaciones de cristiano; y el dia siguiente amaneció colgado en una ventana de su mismo alojamiento : con que se vió el castigo al mismo tiempo que se publicó la causa ; y se logró en los culpados el temor, y en los demas el aborrecimiento de la culpa.

Combat naval entre Espagnols et Mexicains. — Victoire des Espagnols.

Dispuso Hernan Cortés sus bergantines , formando una espaciosa media luna, para dilatar la frente, y pelear con desahogo. Iba fiado en el valor de los suyos, y en la superioridad de las mismas embarcaciones, bastando cada una de ellas á entenderse con mucha parte de la flota enemiga. Movióse con esta seguridad la vuelta de los mojicanos, para darles á entender que admitia la batalla ; despues hizo alto para entrar en ella con toda la respiracion de sus remeros : porque la calma de aquel dia dejaba todo el movimiento en la fuerza de sus brazos. Detúvose tambien el enemigo, y pudo ser que con el mismo cuidado. Pero aquella inefable Providencia, que no se descuidaba en declararse por los españoles, dispuso entónces que se levantase de la tierra un viento favorable, que hiriendo por la popa en los bergantines, les dió todo el impulso de que necesitaban para dejarse caer sobre las embarcaciones mejicanas. Dieron principio al ataque las piezas de artillería, disparadas á conveniente distancia, y cerraron despues los bergantines, á vela y remo, llevándose tras sí cuanto se lespuso delante. Peleaban los arcabuces y ballestas sin perder tiro : peleaba tambien el viento, dándoles con el humo en los ojos, y obligándolos á proejar para defenderse : y peleaban hasta los mismos bergantines, cuyas proas hacian pedazos á los buques menores sirviéndose de su flaqueza para echarlos á pique, sin recelar el choque. Hicieron alguna resistencia los nobles que ocupaban las quinientas embarcaciones de la vanguardia : lo demas fué todo confusion, y zozobrar las unas al impulso de las otras. Perdieron los enemigos la mayor parte de su gente, quedó rota y deshecha su armada : cuyas reliquias miserables siguieron los bergantines hasta encerrarlas á balazos en las acequias de la ciudad.

Fué de grande consecuencia esta victoria, por lo que influyó en las ocasiones siguientes el crédito de incontrastables que adquirieron este dia los bergantines, y por lo que desanimó á los mejicanos el hallarse ya sin aquella parte de sus fuerzas, que consistia en la destreza y agilidad de sus canoas; no por las que perdieron entónces, número limitado respecto de las que tenian de reserva, sino porque se desengañaron de que no eran de servicio, ni podian resistir á tan poderosa oposicion. Quedó por los españoles el dominio de la laguna : y Hernan Cortés tomó la vuelta cerca de la ciudad, despidiendo algunas balas, mas á la pompa del suceso, que al daño de los enemigos. Y no le pesó de ver la multitud de mejicanos que coronaban sus torres y azuteas á la espectacion de la batalla, tan gustoso de haberles dado en los ojos con su pérdida que, aunque á la verdad eran muchos para enemigos, le parecieron pocos para testigos de su hazaña : complacencias de vencedores, que suelen comprender á los mas advertidos, como adornos de la victoria, ó como accidentes de la felicidad.

Après un combat sur les chaussées, les Mexicains se retirent dans un temple; Cortés veut l'occuper aussi; mais sur le conseil de ses capitaines il se retire.

Fué grande la pérdida de gente que hicieron este dia los mejicanos. Entregáronse al fuego los ídolos, cuyos abominables simulacros sirvieron de luminarias al suceso : y Hernan Cortés quedó satisfecho de haber puesto los pies dentro de la ciudad. Y hallando el adoratorio capaz de mas que ordinaria defensa, no solo determinó alojar su ejército en él aquella noche, pero tuvo sus impulsos de mantener aquel puesto, para estrechar el sitio, y tener adelantado el cuartel de Cuyoacan. Pensamiento que participó á sus capitanes, con los motivos que le dictaba entónces la primera inclinacion de su discurso ; pero todos á una voz le representaron : « Que no sabiendo el estado en que tenian sus entradas Gonzalo de Sandoval y Pedro de Alvarado, seria temeridad esponerse á perder el paso de la calzada, y con él la esperanza de los víveres y municiones de que necesitaban para conservarse. Que su conduccion no se debia fiar de los bergantines : porque no cabiendo en las acequias de aquel parage, necesitarian de hacer su desembarco en bastante distancia para que no fuese posible recibirlos ni trasportarlos sin disponerse á una batalla para cada socorro. Que los trozos del ejército debian caminar á un mismo paso en sus ataques, para dividir las fuerzas del enemigo, y darse la mano hasta en el tiempo de acuartelarse dentro de la ciudad. Y finalmente, que las disposiciones resueltas con parecer de todos los cabos sobre la forma de gobernar el sitio de Méjico no se debian alterar sin madura consideracion, ni entrar en aquel empeño voluntario sin mas causa que dar sobrado crédito á la victoria de aquel dia; no siendo totalmente seguras las consecuencias de los buenos sucesos, que á manera de lisonjas solian muchas veces engañar la cordura, deleitando la imaginacion. » Conoció Hernan Cortés que le aconsejaban lo mas conveniente, por ser una de sus mejores prendas la facilidad con que solia desenamorarse de sus dictámenes, para enamorarse de la razon : y se retiró la mañana siguiente á Cuyoacan, llevando á sus dos lados la escolta de los bergantines, con que no se atrevieron los enemigos á inquietar la marcha.

Admirable précaution des Mexicains pour défendre leur ville.

Fué notable, y en algunas circunstancias digna de admiracion, la diligencia con que defendieron su ciudad los mejicanos. Obraba como natural en ellos el valor, criados en la milicia, y sin otro camino de ascender á las mayores dignidades; pero en esta ocasion pasaron de valientes á discursivos, porque necesitaron de inventar novedades contra un género de invasion, cuya gente, cuyas armas y cuyas disposiciones eran fuera del uso en aquella tierra : y lograron algunos golpes, en que se acreditó su ingenio de mas que ordinariamente advertido. Queda referida la industria con que hallaron camino de fortificar sus calzadas; y no fué menor la que practicaron despues, enviando por diferentes rodeos canoas de gastadores á limpiar los fosos que iban cegando los españoles, para cargarlos al tiempo de la retirada con todas sus fuerzas : ardid que ocasionó algunas pérdidas en las pri-

meras entradas. Dieron con el tiempo en otro arbitrio
mas reparable, porque supieron obrar contra su costumbre cuando lo pedia la ocasion, y hacian de noche algunas salidas, solo á fin de inquietar los cuarteles, fatigando
á sus enemigos con la falta del sueño, para esperarlos
despues con tropas de refresco.

Pero en nada se conoció tanto su vigilancia y habilidad como en lo que discurrieron contra los bergantines,
cuya fuerza desigual intentaron deshacer, buscándolos
desunidos: á cuyo efecto fabricaron treinta grandes embarcaciones de aquellas que llamaban piraguas; pero de
mayores medidas y empavesadas con gruesos tablones,
para recibir la carga, y pelear ménos descubiertos. Con
este género de armada salieron de noche á ocupar unos
carrizales, ó bosques de cañas palustres, que producia
por algunas partes la laguna, tan densas y elevadas, que
venian á formar diferentes malezas impenetrables á la
vista. Era su intencion provocar á los bergantines, que
salian de dos en dos á impedir los socorros de la ciudad:
y para llamarlos al bosque, llevaron prevenidas tres ó
cuatro canoas de bastimentos, que sirviesen de cebo á la
emboscada, bastante número de gruesas estacas, las cuales fijaron debajo del agua, para que chocando en ellas
los bergantines, se hiciesen pedazos, ó fuesen mas fáciles
de vencer. Prevenciones y cautelas, de que se conoce que
sabian discurrir en su defensa, y en la ofensa de sus enemigos: tocando en las sutilezas que hicieron ingenioso
al hombre contra el hombre, y son como enseñanzas del
arte militar, ó sinrazones de que se compone la razon de
la guerra.

Cortés combat dans l'intérieur de la ville. — Insuccès des
Espagnols.

Fué valerosa en los primeros ataques la resistencia de
los mejicanos. Ganáronse con dificultad, y á costa de al-

-gunas heridas, sus fortificaciones: y fué mayor el conflicto, cuando se dejaron atras los edificios arruinados, y llegó el caso de pelear con los terrados y ventanas; pero en lo mas ardiente del furor con que peleaban, se conoció en ellos una flojedad repentina, que pareció ejecucion de nueva órden: porque iban perdiendo apresuradamente la tierra que ocupaban; y segun lo que se presumió entónces, y se averiguó despues, nació esta novedad de que llegó á noticia de Guatimozin el desemparo del foso grande, y ordenó á sus cabos que tratasen de guardarse, y conservar la gente para la retirada. Tuvo Hernan Cortés por sospechoso este movimiento del enemigo: y porque se iba limitando el tiempo de que necesitaba para llegar antes de la noche á su cuartel, trató de retirarse, mandando primero que se derribasen y diesen al fuego algunos edificios, para quitar los padrastros de la entrada siguiente.

Pero apénas se dió principio á la marcha, cuando asustó los oidos un instrumento formidable y melancólico, que llamaban la *bocina sagrada*: porque solamente la podian tocar los sacerdotes, cuando intimaban la guerra, y concitaban los ánimos de parte de sus dioses. Era el sonido vehemente, y el toque una cancion compuesta de bramidos, que infundia en aquellos bárbaros nueva ferocidad, dando impulsos de religion al desprecio de la vida. Empezó despues el rumor insufrible de sus gritos; y al salir el ejército de la ciudad, cayó sobre la retaguardia, que llevaban á su cargo los españoles, una multitud innumerable de gente resuelta y escogida para la faccion que traian premeditada.

Hicieron frente los arcabuces y ballestas: y Hernan Cortés, con los caballos que le seguian, procuró detener al enemigo; pero sabiendo entónces el embarazo del foso, que impedia la retirada, quiso doblarse, y no lo pudo conseguir; porque las naciones amigas, como traian órden para retirarse, y tropezaron primero con la dificultad, cerraron con ella precipitadamente, y no se oyeron las órdenes, ó no se obedecieron.

Pasaban muchos á la calzada en los bergantines y canoas; siendo mas los que se arrojaron al agua, donde hallaron tropas de indios nadadores, que los herian ó anegaban. Quedó solo Hernan Cortés con algunos de los suyos á sustentar el combate. Mataron á flechazos el caballo en que peleaba; y apeándose á socorrerle con el suyo el capitan Francisco de Guzman, le hicieron prisionero, sin que fuese posible conseguir su libertad. Retiróse finalmente á los bergantines, y volvió á su cuartel herido, y poco ménos que derrotado, sin hallar recompensa en el destrozo que recibieron los mejicanos. Pasaron de cuarenta los españoles que llevaron vivos para sacrificarlos á sus ídolos. Perdióse una pieza de artillería : murieron mas de mil tlascaltecas : y apénas hubo español que no saliese maltratado. Pérdida verdaderamente grande, cuyas consecuencias meditaba y conocia Hernan Cortés, negando al semblante lo que sentia el corazon, por no descubrir entónces la malicia del suceso. ¡Dura, pero inescusable pension de los que gobiernan ejércitos! obligados siempre á traer en las adversidades el dolor en el fondo, y el desahogo en la superficie del ánimo.

Les Mexicains célébrent leur victoire.

Volvamos empero á los mejicanos, que aplaudieron su victoria con grandes regocijos. Viéronse aquella noche desde los cuarteles coronados los adoratorios de hogueras y perfumes : y en el mayor, dedicado al dios de la guerra, se percibian sus instrumentos militares en diferentes coros de ménos importuna disonancia. Solemnizaban con este aparato el miserable sacrificio de los españoles que prendieron vivos : cuyos corazones palpitantes, llamando al Dios de la verdad miéntras les duraba el espíritu, dieron el último calor de la sangre á la infeliz aspersion de aquel horrible simulacro. Presumióse la causa de semejante celebridad, y las hogueras daban tanta luz, que se distinguia el bullicio de la gente; pero se alargaban algunos de los soldados á decir que percibian las voces, y conocian los sugetos. ¡Lastimoso espectáculo! y á la verdad no tanto de los ojos, como de la consideracion; pero en ella tan funesto y tan sensible, que ni Hernan Cortés pudo reprimir sus lágrimas, ni dejar de acompañarle con la misma demostracion todos los que le asistian.

Quedaron los enemigos nuevamente orgullosos de este suceso, y con tanta satisfaccion de haber aplacado al ídolo de la guerra con el sacrificio de los españoles, que aquella misma noche, pocas horas ántes de amanecer, se acercaron por las tres calzadas á inquietar los cuarteles, con ánimo de poner fuego á los bergantines, y proseguir la rota de aquella gente, que, no sin particular advertencia, consideraban herida y fatigada; pero no supieron recatar su movimiento, porque avisó de él aquella trompeta infernal que los irritaba, tratando á manera de culto la desesperacion : y se previno la defensa con tanta oportunidad, que volvieron rechazados, con la diligencia sola de asestar á las calzadas la artillería de los bergantines y de los mismos alojamientos, que disparando al bulto de la gente, dejó bastante castigado su atrevimiento.

Trouble des Mexicains quand ils voient les Espagnols se fortifier. Résolution de Gualimozin.

Causó esta novedad grande turbacion y desconsuelo entre los mejicanos : desarmóse la prevencion que tenia hecha para cargar la retirada : corrió la voz, engrandeciendo el peligro, y apresurando los remedios : acudieron los nobles y ministros al palacio de Gualimozin, y á instancia de todos se retiró aquella misma noche á lo mas distante de la ciudad. Continuáronse las juntas, y hubo diversos pareceres, desalentados ó animosos, segun obedecia el entendimiento á los dictámenes del corazon. Unos querian

que se tratase desde luego de poner en salvo la persona
del rey, sacándole á parage mas seguro : otros, que se
fortificase aquella parte de la ciudad que ocupaba la córte :
y otros, que se intentase primero desalojar á los españoles, obligándolos á ceder la tierra que habian ocupado.
Inclinóse Guatimozin al consejo de los mas valerosos; y
escluyendo el desemparar la ciudad, con resolucion de
morir entre los suyos, ordenó que al amanecer se acome-
tiese con todo el resto á los cuarteles enemigos : para
cuyo efecto juntaron y distribuyeron sus tropas, con ánimo
de aplicar todas sus fuerzas al esterminio de los españoles. Y poco despues que se declaró la mañana, se dejaron ver de los tres alojamientos, donde llegó primero el
aviso de sus prevenciones; y la artilleria que mandaba
las calles hizo tan riguroso estrago en su vanguardia, que
no se atrevieron á ejecutar la órden que traian; ántes se
desengañaron brevemente de que no era posible su empresa; y sin llegar á lo estrecho del ataque, dieron
principio á la fuga con apariencias de retirada : cuyo movimiento, espacioso y remiso por la frente, dió lugar á los
españoles para que avanzasen hasta medir las armas : y
sin mas diligencia que la que hubieron menester para seguir el alcance, quedó roto el enemigo, y mejorado el alojamiento de la noche siguiente.

Combat singulier d'un Mexicain et d'un Espagnol.

Uno de estos se acercó al parage donde se hallaba Hernan Cortés, que parecia hombre de cuenta en los adornos
de su desnudez, y eran sus armas espada y rodela, de las
que perdieron los españoles sacrificados. Instia con
grande arrogancia en su desafio : y cansado Hernan
Cortés de sufrir sus voces y sus ademanes, lo hizo decir
por su intérprete : « Que trujese otros diez como él, y
permitiria que pasase á batallar con todos juntos aquel
español : » señalando á su pago de rodela. Conoció el in-

dio su desprecio; pero sin darse por entendido, volvió á la porfía con mayor insolencia: y el page, que se llamaba Juan Nuñez de Mercado, y seria de hasta diez y seis ó diez y siete años, persuadido á que le tocaba el duelo, como señalado para él, se apartó del concurso disimuladamente lo que hubo menester para lograr su hazaña sin que le detuviesen: y pasando como pudo el foso, cerró con el mejicano, que ya le aguardaba prevenido; pero recibiendo en la rodela su primer golpe, le dió al mismo tiempo una estocada con tan briosa resolucion, que sin necesitar de segunda herida, cayó muerto á sus pies. Accion que tuvo grande aplauso entre los españoles, y mereció á los enemigos igual admiracion. Volvió luego á los pies de su amo con la espada y la rodela del vencido: y él, que se pagó enteramente de su temprano valor, le abrazó repetidas veces; y ciñéndole de su mano la espada que ganó por sus puños, le dejó confirmado en la opinion de valiente, y admitido á las veras de otra edad en las conversaciones del ejército.

Les Mexicains viennent proposer la paix.

Pero los enemigos tenian ya la órden para defenderse, y ántes que llegase la vangardia, publicaron sus gritos el rompimiento del tratado. Dispusiéronse al combate con grande osadía, y á breve rato se conoció que iba desmayando su orgullo: porque al esperimentar el destrozo que hicieron las primeras baterías en aquella frágil muralla que tenian por impenetrable, se desengañaron de su peligro: y, segun parece, avisaron de él á Guatimozin; porque tardaron poco en hacer llamada con lienzos blancos, repitiendo á voces el nombre de la paz.

Dióseles á entender por los intérpretes que podrian acercarse los que tuviesen que proponer de parte de su príncipe: y con esta permision se presentaron á la otra parte del foso cuatro mejicanos en trage de ministros, los

cuales, hechas con afectada gravedad las humiliaciones de
su costumbre, dijeron á Cortés : « Que la magestad suprema del poderoso Guatimozin, su señor, los habia nom-
brado por tratadores de la paz, y los enviaba para que
oyendo al capitan de los españoles, volviesen á informarle
de lo que se debia capitular en ella. » Respondió Hernan
Cortés : « Que la paz era el único fin de sus armas y aunque pudieran ellas dar entónces la ley á los que tardaban
tanto en conocer la razon, venia desde luego en abrir la
plática, para que se volviese al tratado. Pero que materias
de semejante calidad se ajustaban dificultosamente por
terceras personas : y así era necesario que su príncipe se
dejase ver, ó por lo ménos se acercase con sus ministros
y consejeros, por si hubiese alguna dificultad que necesitase de consulta, puesto que se hallaba con ánimo de venir en cuantos partidos no fuesen repugnantes á la superior autoridad de su rey ; á cuyo fin le ofrecia con empeño
de su palabra, y añadió la fuerza del juramento, que por
su parte, no solo cesaria la guerra, pero se procurarian
lograr en su obsequio todas las atenciones que mirasen á
la seguridad y al respeto de su persona. »

Captura de Guatimozin.

Nombró entre los demas capitanes á García de Holguin, tanto por lo que fiaba de su valor y actividad, como
por la gran ligereza de su bergantin : diferencia que con-
sistiria en el vigor de los remeros, ó en haber salido el
buque mas obediente á los remos, circunstancias que suele
dar el caso en este género de fábricas. Y él sin detenerse
mas que á tomar la vuelta, y alentar la boga, puso tanto
calor en su diligencia, que á breve rato ganó alguna ventaja para volver la proa, y dejarse caer sobre la piragua
que iba delante, y parecia superior á las demas. Pararon
todas á un tiempo, soltando los remos al verse acometi-
das : y los mejicanos de la primera dijeron á grandes vo-

ces que no se disparase, porque venia en aquella embarcacion la persona de su rey (segun lo interpretaron algunos soldados españoles, que ya sabian algo de su lengua) y para darse á entender mejor, bajaron las armas, adornando el ruego con varias demostraciones de rendidos. Abordó con esto el bergantin, y saltando en la piragua, se arrojaron á la presa García de Holguin y algunos de sus españoles. Adelantóse á los suyos Guatimozin: y conociendo al capitan en el semblante de los otros, le dijo : « Yo soy tu prisionero, y quiero ir donde me puedes llevar : solo te pido que atiendas al decoro de la emperatriz y de sus criadas.» Pasó luego al bergantin, y dió la mano á su muger, para que subiese á él : tan lejos de la turbacion, que reconociendo á Garcia de Holguin cuidadoso de las otras piraguas, añadió : « No tienes que discurrir en esa gente de mi séquito; porque todos vendrán á morir donde muriere su príncipe : » y á su primer seña dejaron caer las armas, y siguieron el bergantin como prisioneros de su obligacion.

Conocióse luego la causa de aquella novedad, porque llegó entónces el aviso que adelantó Garcia de Holguin : y Hernan Cortés, levantando los ojos al cielo, como quien reconocia el orígen de su felicidad, mandó luego los cabos de su ejército que se mantuviesen á vista de las fortificaciones, sin pasar á mayor empeño hasta otra órden : y enviando al mismo tiempo dos compañías de españoles al surgidero, para que asegurasen la persona de Guatimozin, salió á recibirle cerca de su alojamiento : cuya funcion ejecutó con grande urbanidad y reverencia, en que obraron mas que las palabras las señas esteriores; y Guatimozin correspondió en la misma lengua, procurando esforzar el agrado, para encubrir el despecho.

Cuando llegaron á la puerta, se detuvo el acompañamiento, y Guatimozin entró delante con la emperatriz, afectando que no rehusaba la prision. Sentáronse luego los dos, y él se volvió á levantar para que tomase Cortés su asiento : tan dueño de sí en estos principios de su adversidad, que reconociendo á los intérpretes por el puesto que ocupaban, rompió la plática, diciendo : « ¿Qué aguardas, valeroso capitan, que no me quitas la vida con ese puñal que llevas al lado? Prisioneros como yo siempre son embarazosos al vencedor. Acaba conmigo de una vez, y tenga yo la dicha de morir á tus manos, ya que me ha faltado la de morir por mi patria. »

Portrait de Guatimozin.

Era Guatimozin mozo de veintitres á veinticuatro años, tan valeroso entre los suyos, que de esta edad se halló graduado con las hazañas y victorias campales que habilitaban á los nobles para subir al imperio. El talle, de bien ordenada proporcion : alto sin descaecimiento, y robusto sin deformidad. El color tan inclinado á la blancura, ó tan léjos de la oscuridad, que parecia estrangero entre los de su nacion. El rostro, sin faccion que hiciese disonancia entre las demas, daba señas de la fiereza interior : tan enseñado á la estimacion agena, que aun estando afligido, no acababa de perder la magestad. La emperatriz, que seria de la misma edad, se hacia reparar por el garbo y el espíritu con que mandaba el movimiento y las acciones ; pero su hermosura, mas varonil que delicada, pareciendo bien á la primera vista, duraba ménos en el agrado que en el respeto de los ojos. Era sobrina del gran Motezuma, ó segun otros, su hija : y cuando lo supo Hernan Cortés, repitió sus ofrecimientos, dándose por nuevamente obligado á reconocer en su persona lo que veneraba la memoria de aquel príncipe. Pero le tenia cuidadoso la necesidad de volver á su ejército, para que se acabase de rendir aquella parte de la ciudad que ocupaban los enemigos : y cortando la conversacion, se despidió cortesanamente de sus dos prisioneros. Dejólos á cargo de Gonzalo de Sandoval, con la guardia que pareció suficiente : y ántes de partir le avisaron que le llamaba Guatimozin, cuyo intento fué interceder por sus vasallos. Pidióle con todo encarecimiento : « Que no los maltratase, ni ofendiese ; pues bastaria para rendirlos la noticia de su prision. » Y estaba tan en sí, que conoció á lo que se apartaba Hernan Cortés : cabiendo entre sus congojas este notable cuidado, verdaderamente digno de ánimo real. Y aunque le ofreció cuidar de que se les hiciese todo buen pasage, dispuso tambien que le acompañase uno de sus ministros : mandando por este medio á la gente de guerra, y al resto de sus vasallos, que obedeciesen al capitan de los españoles, pues no era justo provocar á quien le tenia en su poder, ni dejar de conformarse con el decreto de sus dioses.

Sucedió la prision de Guatimozin, y la total ocupacion de Méjico, á trece de agosto en el año de mil y quinientos y veintiuno, dia de san Hipólito, en cuya memoria celebra hoy aquella ciudad la fiesta de este insigne mártir, con título de patron. Duró el sitio noventa y tres dias : en cuyos varios accidentes, prósperos y adversos, se deben igualmente admirar el juicio, la constancia y el valor de Cortés : el esfuerzo infatigable de los españoles : la conformidad y la obediencia de las naciones amigas : concediendo á los mejicanos la gloria de haber asistido á su defensa, y á la de su rey, hasta la última obligacion del espiritu y de la paciencia.

Preso Guatimozin, y rendida la ciudad, cabeza de aquel vasto dominio, vinieron á la obediencia, primero los príncipes tributarios, y despues los confinantes : unos á la opinion, y otros á la diligencia de las armas : y se formó en breve tiempo aquella gran monarquía, que mereció el nombre de Nueva España : debiendo el máximo emperador Cárlos Quinto á Fernando Cortés, no ménos que otra corona digna de sus reales sienes. ¡ Admirable conquista, y muchas veces ilustre capitan ! de aquellos que producen tarde los siglos, y tienen raros ejemplos en la historia.

TABLE DES MATIÈRES.

—

FIN DE LA TABLE DES MATIÈRES.

PARIS. — TIPOGRAFÍA LAHURE

Calle de Fleurus, 9

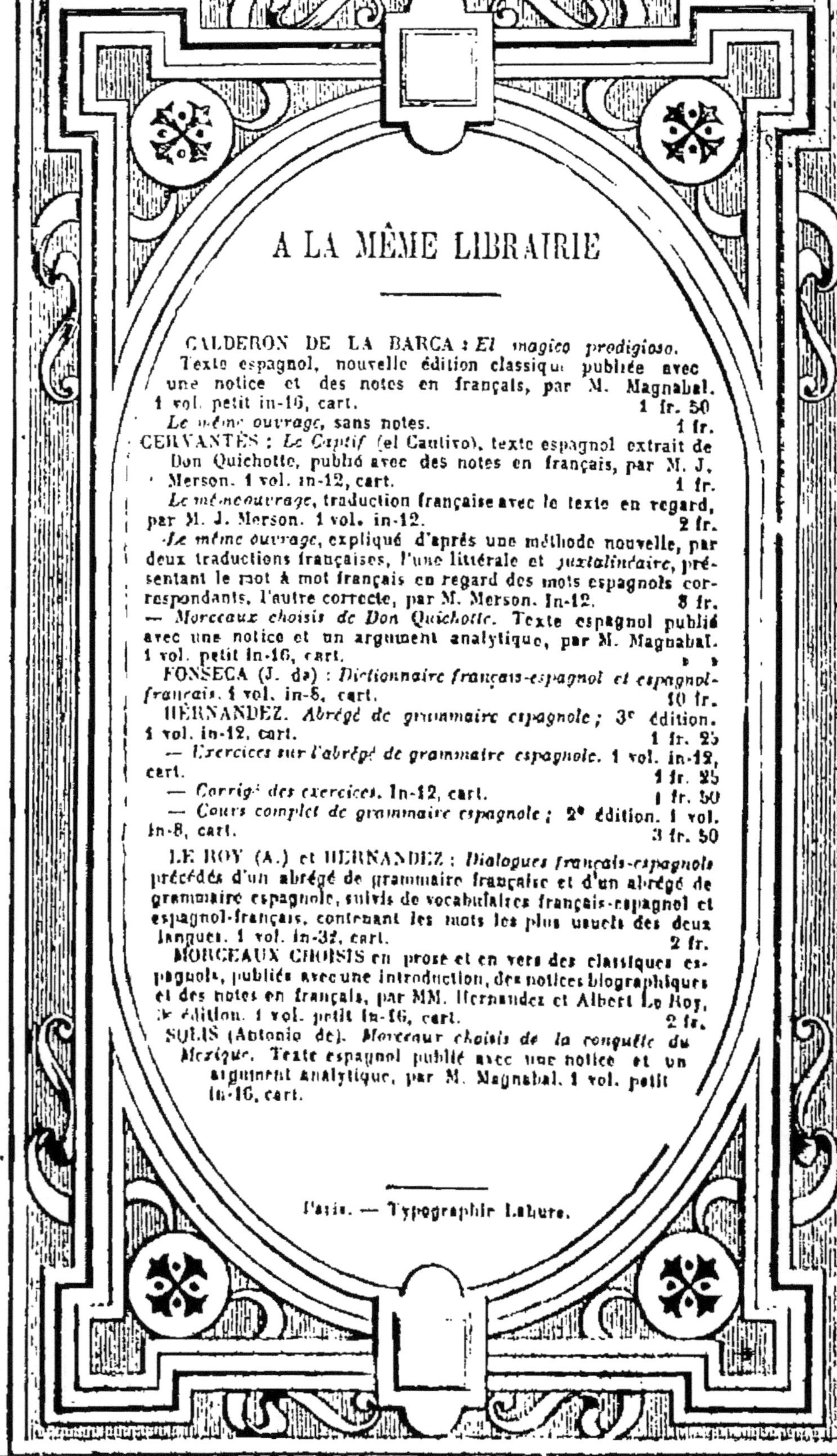